广州市哲学社会科学发展“十三五”规划课题

中国特色自由贸易港建设路径研究

理论探索与广州实践

揭昊 著

中国社会科学出版社

图书在版编目(CIP)数据

中国特色自由贸易港建设路径研究:理论探索与广州实践/揭昊著.
—北京:中国社会科学出版社,2020.6
ISBN 978-7-5203-6316-7

Ⅰ.①中… Ⅱ.①揭… Ⅲ.①自由贸易区—研究—中国
Ⅳ.①F752

中国版本图书馆 CIP 数据核字(2020)第 064236 号

出 版 人 赵剑英
责任编辑 李庆红
责任校对 张依婧
责任印制 王 超

出 版 中国社会科学出版社
社 址 北京鼓楼西大街甲 158 号
邮 编 100720
网 址 http://www.csspw.cn
发 行 部 010-84083685
门 市 部 010-84029450
经 销 新华书店及其他书店

印 刷 北京君升印刷有限公司
装 订 廊坊市广阳区广增装订厂
版 次 2020 年 6 月第 1 版
印 次 2020 年 6 月第 1 次印刷

开 本 710×1000 1/16
印 张 12.25
插 页 2
字 数 151 千字
定 价 66.00 元

目　录

第一章　自由贸易港的概念内涵、构成要素及基本特征

第一节　概念内涵

自由贸易港简称自由港，在国际法和国内法上并没有通行定义，理论界也未形成公认的权威性表述，国际上《京都公约》[①]、联合国贸发组织（UNCTAD）报告[②]和《美中贸易年鉴》[③] 等对其均有涉及。我国商务部和海关总署曾就“自由贸易区”表述进行规

① 《京都公约》对“自由区”的解释：“指缔约方的一部分，进入这一部分的任何货物，就进口税费而言，通常视为在关境之外，并免于实施通常的海关监督措施。”

② 1984 年联合国贸易发展会议报告中关于自由贸易园区（Free Trade Zone）的定义是“货物进出无须通过国家海关的区域。在最初的时候，此类区域主要用于存储和贸易，而之后则强调进行制造、加工和装配业务活动。货物进入自由贸易区可不交纳关税或不受配额的限制，并可无限期的在区内储存。”

③ 1994 年版《美中贸易年鉴》定义“自贸区”为：“自由贸易区又称自贸区、免税区、免税贸易区、对外贸易区。一些国家在交通便利的港口划出一定的区域，置于海关管辖界限之外，完全撤离关税及复杂的海关手续等贸易障碍，只办理行政管理上的申报手续，外国船只可以自由进出，商品可以免税进区，在区内自由储存、取样、分级、装卸、重新包装、加工制造等，然后再免税出口。”

范，其中也涉及自由港概念。[①] 自由贸易港丰富的内涵主要包括政策环境宽松、投资领域开放、金融开放、贸易自由化、监管宽松、税赋宽松、法制完善、自然人移动自由 8 个方面（商务部国际贸易经济合作研究院课题组，2014）。中共中央政治局常委、国务院副总理汪洋 2017 年 11 月在《人民日报》发表署名文章，首次对自由贸易港做出明确定义，指出“自由贸易港是设在一国（地区）境内关外、货物资金人员进出自由、绝大多数商品免征关税的特定区域，是目前全球开放水平最高的特殊经济功能区”。

从海关特殊监管区域、自由贸易试验区到自由贸易港，对自由贸易港的研究不断在深化。早在 20 世纪 80 年代，就有学者提出依托厦门经济特区，通过分阶段、分区域逐步扩大自由度的发展策略，建设双梯度、多功能的自由港（厦门大学经济学院“自由港研究”课题组，1987）。此后，大连、天津、上海和深圳都有建设自由贸易港的研究或探索，包括广州依托地缘经济优势建设自由港，使之成为进一步扩大对外开放的新增长点（左正，1994），香港回归后可采取香港—深圳“两制一体”自由港区模式（刘李胜，1995）。依托浦东建设我国最大的自由贸易港区，为上海“四个中心”建设提供动力和保障（雷仲敏，2010）；在区域贸易自由化加快，发达国家淡化自由贸易港的贸易功能背景下，建设自由贸易港仍是上海乃至中国向价值链高端跃升的必然选择（沈玉良、彭羽，

---

① 《商务部　海关总署关于规范“自由贸易区”表述的函》（商国际函〔2008〕15 号）指出，“自由贸易园区”（Free Trade Zone，简称 FTZ）不同于两个以上的主权国家或单独关税区通过签署协定缔结的“自由贸易区”（Free Trade Area，简称 FTA），是指在某一国家或地区境内设立的实行优惠税收和特殊监管政策的小块特定区域，类似于世界海关组织的前身——海关合作理事会所解释的“自由区”，有的国家还使用自由港、自由仓等称谓。我国的经济特区、保税区、出口加工区、保税港、经济技术开发区等特殊经济功能区都具有“自由贸易园区”（FTZ）的某些特征。

2017）。以服务贸易为重点的海南自由贸易港，需要探索有中国特色的自由贸易港制度创新，具体按照“2020 年—2025 年—2035 年—本世纪中叶”分四步走推进实施（迟福林，2019；陈经纬，2019）。相关研究从国际贸易理论创新、港口代际演化、香港案例、负面清单等不同角度进行分析和探讨（陈会珠等，2015；胡凤乔，2016；黄庆平、袁始烨，2018）。此外，学者们还关注自由贸易港功能设计与“一带一路”建设联动发展的问题，重在强化全球资源配置能力（尹晨，2019；裴长洪、刘斌、李越，2019）。

在相当长的时间里，自由贸易港的研究基本涵盖在《京都公约》所定义的“自由区”（Free Zone）范畴下，由于学界长期未在自由贸易港的概念上达成共识，加之中国缺少建设自由贸易港的实践，诸多研究止步于对境外自由港的功能、特征、运行方式的比较、借鉴和分析，自身的定位与分类、法制建设、辐射效应等重大问题还有待厘清（胡加祥，2019）。当然，随着海南自贸区（港）获批建设，新的研究成果更加注重贴近实际。特别是以中国香港、新加坡为代表的城邦经济体型自由贸易港取得巨大成功，其模式得到广泛总结和借鉴，更凸显相关研究缺乏对大国经济体背景下的自由贸易港建设的考量。

第二节　发展历程

发端于 16 世纪欧洲地中海沿岸的自由贸易港，几个世纪来一直充当着重要的海上贸易节点，物流枢纽的作用突出；“二战”后，经济全球化拓展了自由贸易港的发展腹地，出口加工成为其重要功能；20 世纪 80 年代后，中国香港、新加坡等自由贸易港大力发展金融、保险、法律、航运等现代服务业，功能更加趋于综合化。以处理集装箱为主、以港航联盟和港际联盟为组织模式的第四代港口概念提供了自由贸易港演化的新路径（UNCTAD，1992；1999）。其功能定位正逐步从第一代的“航运中转型”、第二代的“加工增值型”向第三代的“资源配置型”升级（胡凤乔、李金珊，2016）；区域分布已从欧洲发端转向亚洲引领，高水平自由贸易港在亚洲涌现；运营主体从政府主导向重视市场运作转变，公司化运营和引入社会资本参与园区建设得到推广，如新加坡、中国香港和台湾地区；发展格局从单体运营走向国际港口联盟，包括行政整合、业务合作、资本控制等方式。

全球自由贸易港发展历程划分为三个阶段。

一是初始形成阶段。“二战”以前，以转口贸易为主。16世纪40年代，意大利西北部热那亚湾诞生了世界首个自由贸易港——里南那自由港，此后法国的敦刻尔克、德国的汉堡和布莱梅、荷兰等也纷纷设立，远在亚洲的新加坡、中国香港、中国澳门在帝国主义殖民体系下发展成为全境自由港；美国在20世纪30年代引入自由港模式，1936年在纽约设置首个专事转口贸易的对外贸易区，发展至今已有数以百计的对外贸易区[①]遍布美国50个州，在创造就业和吸引投资方面发挥重要作用。

二是快速扩充阶段。“二战”结束至20世纪70年代，出口加工区作为自由贸易港新的发展形态，使其由贸易扩大到加工和制造的新领域。“二战”后，全球各殖民地国家相继独立，谋求建立自身产业体系和国民经济体系。在资金、技术匮乏的情况下，各国主

① 分为综合区和分设区两类。

动出台优惠税收政策，并利用廉价劳动力资源和交通地利的优势，创设以出口为导向的“出口加工区”，通过外资溢出效应促进本地经济发展。代表性的区域包括：1958 年建立的全球首个赋予出口加工功能的爱尔兰香农出口加工区；1966 年在中国台湾高雄建立的全球首个以“出口加工区”命名的自由贸易区，由于广受厂商欢迎，园区土地很快不敷使用，后续相继成立台中及楠梓等出口加工区。

三是综合发展阶段。20 世纪 70 年代末以来，自由贸易港在全球走向功能综合和形态多元。在区域一体化和经济全球化的驱动下，全球自由贸易港顺应形势发展，逐渐升级为具有国际贸易、存储加工、保税展示、离岸服务、旅游购物等多种功能的综合型自由贸易港，拓展服务贸易功能使香港、新加坡港和迪拜等自由贸易港脱颖而出。

与开启改革开放的进程同步，中国在 20 世纪 80 年代开始探索自由贸易港建设。《国务院关于厦门经济特区实施方案的批复》（国发〔1985〕85 号）明确“厦门经济特区扩大到全岛，逐步实行自由港的某些政策”。从 1990 年 5 月我国成立第一个保税区——上海外高桥保税区，到后来的出口加工区、保税物流园区、保税港区以及综合保税区和跨境工业区等六大类①，截至 2019 年 1 月，全国 31 个省市区已建成海关特殊监管区域 140 个。这些“境内关外”的特殊监管区域在出口加工、国际贸易、物流分拨、保税仓储商品展示等方面发挥了重要作用，虽然受体制机制和政策约束，自由贸易程度较低，综合性功能配置不强，但为我国自由贸易港建设作了先期的制度准备和实践探索。2017 年 3 月国务院印发的《全面深

---

① 未来中国新设海关特殊监管区域将统一命名为综合保税区，原有海关特殊监管区域正加快整合优化为综合保税区。

化中国（上海）自由贸易试验区改革开放方案》（国发〔2017〕23号）提出在洋山保税港区和上海浦东机场综合保税区等海关特殊监管区域内设立自由贸易港区。党的十九大报告指出要“探索建设自由贸易港”，助力形成全面开放新格局，随后在2018年4月宣布支持海南在全岛探索建设自由贸易港，从构想加速落地。浙江、广东、福建等省市也纷纷提出要探索建设，中共广州市委十一届四中全会提出“积极争取自由贸易港政策，率先在服务贸易开放、货物监管制度、金融开放创新等方面探索实践”。

第三节　类型划分

自由贸易港在全球以自由港（Free Port）、自由区、自由经济区（Free Economic Zone）、自由贸易园区等不同名称出现（见表1-1）。以发展模式为特征，自由贸易港主要分为如下三类。

表1-1　全球主要自由贸易港

<table>
<tr><th>所在国</th><th colspan="2">自由贸易港</th><th>功能定位</th><th>设立时间（年）</th><th>备注</th></tr>
<tr><td rowspan="8">中国</td><td colspan="2">香港自由贸易港</td><td>综合</td><td>1842</td><td>拥有世界最大货运机场、第7大集装箱港</td></tr>
<tr><td rowspan="7">台湾地区</td><td>台北港自由贸易港区</td><td rowspan="7">工贸结合</td><td>2005</td><td></td></tr>
<tr><td>台中港自由贸易港区</td><td>2005</td><td></td></tr>
<tr><td>基隆港自由贸易港区</td><td>2005</td><td></td></tr>
<tr><td>高雄港自由贸易港区</td><td>2005</td><td>依托世界第15大集装箱港</td></tr>
<tr><td>苏澳港自由贸易港区</td><td>2011</td><td></td></tr>
<tr><td>安平港自由贸易港区</td><td>2014</td><td></td></tr>
<tr><td>桃园航空自由贸易港区</td><td>2005</td><td>依托世界第8大货运机场</td></tr>
</table>

续表

所在国	自由贸易港	功能定位	设立时间（年）	备注
新加坡	新加坡港	综合	1819	拥有世界第2大集装箱港、第12大货运机场，境内共设立8个自由贸易园区，赋予保税、中转贸易功能
阿联酋	迪拜港	综合	1894	拥有世界第6大货运机场、第10大集装箱港，设立20多个功能定位不同的自由区
韩国	仁川经济自由区	东北亚物流、商务中心	2003	涵盖世界第4大货运机场
	釜山—镇海经济自由区		2003	依托世界第6大集装箱港
	光阳湾区经济自由区		2003	
	黄海经济自由区		2008	
	大邱—庆北经济自由区		2008	
	东海岸经济自由区		2013	
	忠北经济自由区		2013	
菲律宾	苏比克湾自由港	工贸结合	1992	原为美军基地
	巴丹自由港	工贸结合	2009	
俄罗斯	符拉迪沃斯托克自由港	工贸结合	2015	
荷兰	鹿特丹港	物流型	—	欧洲第1大集装箱港
德国	汉堡港		1888	欧洲第3大集装箱港，2013年取消封闭管理的自由港区
比利时	安特卫普港		—	欧洲第2大集装箱港
毛里求斯	路易港	工贸结合	1992	
巴拿马	科隆自由贸易区	转口贸易	1948	西半球最大自由贸易港
乌拉圭	蒙得维的亚自由港	转口贸易	1992	

一是整体开放型。此类型自由贸易港并不划定特定区域，实行港城一体化运作、功能相互融合，自由开放度最高。一般发展较为成熟，资本、人才、技术、货流等要素聚集能力强，集国际中转、国际采购、国际配送、出口加工、金融、旅游等功能于一身。我国

香港是典型代表，自 1842 年被宣布成为自由港以来，坚持推行自由贸易政策，成长为国际著名金融、贸易、航运中心。根据美国智库“传统基金会”发布的 2019 年经济自由度指数报告，香港连续 25 年位列全球最自由经济体。

二是园区管理型。主要依托港口、划定其周边特定区域，施行“境内关外”的监管制度，打造国际化便利化营商环境，发展航运物流、金融和法律服务以及临港制造业。在港区建立保税仓库和货物分拨配送中心，且允许各种层次加工，兼出口加工、转口贸易和仓储物流功能于一身。世界上大多数自由贸易港属于此类型，包括新加坡、阿联酋迪拜、巴拿马、乌拉圭、日本、韩国、菲律宾和中国台湾地区设置的名目繁多的特殊功能区域。其中，新加坡在全境推行高度开放经济政策基础上，1969 年以来陆续设立包含海港与空港共 8 个自由贸易区，主要是为开展转口贸易的企业提供免税区域。阿联酋迪拜 1894 年宣布成为免税自由港，1985 年设立杰贝阿里自由区（JAFZA），采用物理方式隔离，并通过制度设计实现与迪拜港一体化运作，最大限度发挥协同效应；在其周边，迄今已高标准建设了互联网产业聚集区、媒体城、金融城、多种商品交易中心等 20 多个功能不同的自由区。

三是网络延伸型。这类港口区位条件优越，多位于海河交汇处，公铁海河运输方式齐备，集疏运体系发达，拥有内陆广阔的经济腹地，能带来巨大的进出境货物流量。由于保持了传统上大进大出的物流集散模式，港口管理更重视货物储运、商业性加工和转运功能的完善。随着欧盟经济一体化水平不断提升，以及成员国逐步向中东欧区域扩展，封闭园区管理式的自由港受关税同盟实施的影响在欧洲走向式微，特别是建于 1888 年的汉堡自由港在 2013 年 1

月终止封闭式运作。而以鹿特丹、安特卫普等为代表的欧洲港口凭借发达的集疏运系统，通过灵活高效的保税仓储和物流网络实现自由贸易港功能的延伸（张世坤，2006）。这些港口采用地主港管理模式，由港务局统一管理港区内的生产经营活动，投资建设必要的基础设施，收入主要来源于场地租赁和船舶支付的港口费用。

此外，根据运输模式，自由贸易港还可以分为海港型、空港型和陆港型以及复合型。随着国际贸易发展和运输技术的进步，世界上主流的自由贸易港日益向海陆空复合发展，集合海、河、空、铁、公的多式联运，日益发挥其强大的物流能力。

第四节　主要特征

一是依托世界大港。国际上发展较为成功的自由贸易港大多靠近世界主航道，位于吞吐量较大的海运港口或陆路口岸附近，像中国香港、新加坡自身拥有世界一流的港口和发达的交通运输网络体系，临近巨大的国际市场。巴拿马科隆自由贸易港区扼巴拿马运河入海口，转运优势突出，其所处的巴拿马地峡为北美洲与南美洲分界线，发展成为美洲最大的转口自贸港。此外，积极实施区港联动、港口协同，对自由贸易港区和支线港、无水港进行资源整合，推行一体化运作，打造国际贸易航运枢纽。

二是高度自由开放。自由贸易港普遍按照“境内关外”原则实行高度自由化、便利化的经济政策，货物流转、金融市场运作等可以享有充分的自由，促使生产要素跨越边境迅速实现区域内最佳配置，从而达到效益最大化。贸易自由，园区内不设立关税壁垒，基本消除非关税壁垒，凡符合国际贸易惯例，进出园区都不会遇到阻碍；金融自由，即汇率由市场主导，实现外汇兑换自由，资金进出自由，资金经营自由；投资自由，投资准入适用统一的负面清单，没有国民待遇和非国民待遇的区分，建立竞争中立的市场环境；运输自由，即船舶出入港口免办理入境手续，减免港口费用，非强制性引航，允许船员进入港区等。

三是高效简化监管。管理高效是自由贸易港重要特征之一，“单一窗口”（International Freight Single Window）模式作为提升贸易便利化水平的重要载体，为企业提供一站式服务，简化通关手续，提供运营效率。在放宽市场准入的同时，强化事中事后监管，完善社会信用体系，通过大数据手段和综合行政执法提升监管能力。

四是健全法治建设。自由贸易港的“境内关外”运作往往会带来与国内现行法律法规相冲突的问题，必须通过专门立法、释法和有关法律暂停实施，为自由贸易港的设置、管理和制度创新提供法治保障。国际自由贸易港一般先立法后设区，像海关监管、港区管理、商事制度、税收安排等各项制度均被以立法形式予以明确，各自由港多适用英美法系以对接国际贸易投资规则。一方面，以法律的强制力保障本国政府对区内经营活动的有效管理；另一方面，以法律形式确保港区政务服务透明度和政策稳定性，营造港区公平公正的市场环境。

五是优惠政策体系。给予最优惠的税费优惠政策是自由贸易港吸引投资、扩大贸易活动关键性措施，主要包括税收政策、投资政策、信贷政策等。低税率、少税种是各自由贸易港普遍特点，主要包括对关税豁免，及对所得税、消费税、增值税等税收减免优惠。优惠投资政策主要包括对入区企业注册资本金等方面制定各项优惠政策，土地租用、就业许可、开放内销等。此外，很多自贸港会向区内经营者提供低息信贷和各种补贴，如毛里求斯自由区法规定，商业银行可按优惠利率对区内企业给予贷款；荷兰政府根据自由贸易园区内企业的投资额给予10%的资金补贴。

第五节 竞争力评价

科学的竞争力评价标准是测度自由贸易港发展的标尺，同时指标体系维度及其内涵也指明了我国自由贸易港发展的学习借鉴对象和未来发展趋势（倪外，2015）。以波特钻石模式为基础，以香港港、新加坡港、汉堡港、安特卫普港、釜山港、迪拜自贸区、香农自贸区等国际先进自由贸易港（区）发展实践为参考，综合分析其缘起、发展和转型升级，自然地理条件和营商软环境营造及面临的竞争格局等，可将评价标准的维度与核心内涵集中于运营绩效、市场开放、功能选择与培育、基础设施与制度保障等方面（见表1－2）。其中，运营绩效即各类微观市场主体的经营指标和汇总呈现出的宏观数据比较，是评价自由贸易港竞争力的重要指标，包括贸易、投资和技术合作金额，地区生产总值和税收等；市场开放是自由贸易港运作的基本前提，没有全球先进生产要素的流动和汇集，必然失去“自由”之意，包括人财物、信息等的自由流动；功能选择与培育是保持自由贸易港竞争力的根本，它包含了国际产业发展大趋势的影响，也包含了政府的主动选择和引导；基础设施是发展保障，随着国际竞争的日趋激烈，各国纷纷加大投入，力图保持领先优势；政府服务和法治保障渗透于自由贸易港发展的方方面面，服务于以上目标的实现。

表 1－2　　　　自由贸易港发展综合评价维度

一级指标	二级指标	三级指标
运营绩效	贸易规模	进出口贸易额；一般贸易比重
	引资成效	FDI 金额；500 强企业数量
	就业情况	就业人数；平均工资
	宏观经济	地区生产总值；税费收入
市场开放	贸易便利	通关效率；监管手段
	投资自由	行业准入；投资方式；股比限制
	金融开放	货币选择；汇率；资本进出
	人员进出	免签情况；允许停留时间；活动限制
	信息交流	互联网速度；访问限制；专门出口
功能选择与培育	产业规划	商贸物流；临港工业；高新技术
	高端服务	离岸贸易；航运服务；离岸金融；法律服务；
基础设施	区位因素	地理位置；海陆空交通；辐射区域
	设施配套	吞吐能力；港区建设；生态环境
制度保障	政策设计	信贷便利；税收减让；市场准入
	园区管理	统一管理；商事登记；缴税便利；办理水电
	法律制度	专门立法；相关规定
	执法与司法	投资者保护；合同执行；破产清算

第六节　与自由贸易试验区的关系

建设自由贸易试验区和自由贸易港都是国家推进高水平对外开放的重要战略部署，自由贸易港可作为自贸试验区深化发展的可行方向之一（胡剑波、任香，2019）。自 2013 年 9 月 29 日国家在上海设立首个自由贸易试验区以来，逐步从沿海、沿江、沿边，在东、中、西部进行布局，开展差异化制度创新探索，特别是海南自贸区（港）的启动建设，大大拓展了试验空间、丰富了试验内容。

随着国务院2019年7月批复同意设立上海自贸试验区临港新片区，8月批复同意新设山东、江苏、广西、河北、云南、黑龙江6个自贸试验区，我国现已形成“1+3+7+1+6”的自贸试验区建设新布局，沿海、沿江、沿边多线推进，东西南北中全覆盖，自贸试验区的体量和区域带动性大大增强（见表1-3）。自贸试验区主要依托发展基础较好的国家级园区和海关特殊监管区域设立，通过叠加各类功能和特殊政策，在外贸、外资、税收、科技创新等方面形成先发优势，不断放大自贸试验区改革红利。例如广东自贸试验区南沙片区还拥有国家新区、保税港区、经济技术开发区、高新技术产业开发区等功能载体，前海蛇口片区还设有深港现代服务业合作区和保税港区，横琴片区全境为国家新区。据统计，截至2018年年底，除海南外的11个自贸试验区虽只占约万分之二的国土面积，当年却实现新设外资企业数、实际使用外资、进出口总额分别占全国的15.54%、12.12%和12.25%。[①] 下一步，国家要完善制度保障，赋予各自贸试验区更大改革创新自主权，加强统筹协调形成改革合力。同时，各地方要注重服务国家战略、主动担当作为，将制度创新不断推向深入，以高水平的开放平台建设推动经济高质量发展。

---

① 冯其予：《自贸试验区红利充分释放》，《经济日报》2019年7月24日第3版。

表 1-3　　中国自由贸易试验区概况

自贸试验区	挂牌（扩区）时间	实施范围	总体定位
上海	2013 年 9 月 29 日	面积 28.78 平方千米，涵盖外高桥保税区、外高桥保税物流园区、洋山保税港区和上海浦东机场综合保税区 4 个海关特殊监管区域	具有国际水准的投资贸易便利、货币兑换自由、监管高效便捷、法制环境规范的自由贸易试验区
	2015 年 4 月 27 日（扩区）	面积 120.72 平方千米，涵盖原有 4 个海关特殊监管区域（28.78 平方千米）、陆家嘴金融片区（34.26 平方千米）、金桥开发片区（20.48 平方千米）和张江高科技片区（37.2 平方千米）	开放度最高的投资贸易便利、货币兑换自由、监管高效便捷、法制环境规范的自由贸易园区
	2019 年 8 月 20 日（设置新片区）	在上海大治河以南、金汇港以东以及小洋山岛、浦东国际机场南侧区域设置临港新片区；先行启动南汇新城、临港装备产业区、小洋山岛、浦东机场南侧等区域，面积 119.5 平方千米	具有较强国际市场影响力和竞争力的特殊经济功能区
广东	2015 年 4 月 21 日	面积 116.2 平方千米，涵盖广州南沙新区片区（60 平方千米）、深圳前海蛇口片区（28.2 平方千米）和珠海横琴新区片区（28 平方千米）	粤港澳深度合作示范区、21 世纪海上丝绸之路重要枢纽和全国新一轮改革开放先行地
天津		面积 119.9 平方千米，涵盖天津港片区（30 平方千米）、天津机场片区（43.1 平方千米）和滨海新区中心商务片区（46.8 平方千米）	京津冀协同发展高水平对外开放平台、全国改革开放先行区和制度创新试验田、面向世界的高水平自由贸易园区
福建		面积 118.04 平方千米，涵盖平潭片区（43 平方千米）、厦门片区（43.78 平方千米）和福州片区（31.26 平方千米）	改革创新试验田、深化两岸经济合作的示范区、面向 21 世纪海上丝绸之路沿线国家和地区开放合作新高地

续表

自贸试验区	挂牌（扩区）时间	实施范围	总体定位
辽宁	2017年4月1日	面积119.89平方千米，涵盖大连片区（59.96平方千米）、沈阳片区（29.97平方千米）和营口片区（29.96平方千米）	提升东北老工业基地发展整体竞争力和对外开放水平的新引擎
浙江		面积119.95平方千米，由陆域和相关海洋锚地组成，涵盖舟山离岛片区（78.98平方千米）、舟山岛北部片区（15.62平方千米）和舟山岛南部片区（25.35平方千米）	东部地区重要海上开放门户示范区、国际大宗商品贸易自由化先导区和具有国际影响力的资源配置基地
河南		面积119.77平方千米，涵盖郑州片区（73.17平方千米）、开封片区（19.94平方千米）和洛阳片区（26.66平方千米）	服务于"一带一路"建设的现代综合交通枢纽、全面改革开放试验田和内陆开放型经济示范区
湖北		面积119.96平方千米，涵盖武汉片区（70平方千米）、襄阳片区（21.99平方千米）和宜昌片区（27.97平方千米）	中部有序承接产业转移示范区、战略性新兴产业和高技术产业集聚区、全面改革开放试验田和内陆对外开放新高地
重庆		面积119.98平方千米，涵盖两江片区（66.29平方千米）、西永片区（22.81平方千米）和果园港片区（30.88平方千米）	"一带一路"和长江经济带互联互通重要枢纽、西部大开发战略重要支点
四川		面积119.99平方千米，涵盖成都天府新区片区（90.32平方千米）、成都青白江铁路港片区（9.68平方千米）和川南临港片区（19.99平方千米）	西部门户城市开发开放引领区、内陆开放战略支撑带先导区、国际开放通道枢纽区、内陆开放型经济新高地、内陆与沿海沿边沿江协同开放示范区
陕西		119.95平方千米，涵盖中心片区（87.76平方千米）、西安国际港务区片区（26.43平方千米）和杨凌示范区片区（5.76平方千米）	全面改革开放试验田、内陆型改革开放新高地、"一带一路"经济合作和人文交流重要支点
海南	2018年10月16日	海南岛全岛	全面深化改革开放试验区、国家生态文明试验区、国际旅游消费中心和国家重大战略服务保障区

续表

自贸试验区	挂牌（扩区）时间	实施范围	总体定位	
山东	2019 年 8 月 30 日	面积 119.98 平方千米，涵盖济南片区（37.99 平方千米）、青岛片区（52 平方千米）和烟台片区（29.99 平方千米）	贸易投资便利、金融服务完善、监管安全高效、辐射带动作用突出	高标准高质量自由贸易园区
江苏		面积 119.97 平方千米，涵盖南京片区（39.55 平方千米）、苏州片区（60.15 平方千米）和连云港片区（20.27 平方千米）	贸易投资便利、高端产业集聚、金融服务完善、监管安全高效、辐射带动作用突出	
广西		面积 119.99 平方千米，涵盖南宁片区（46.8 平方千米）、钦州港片区（58.19 平方千米）和崇左片区（15 平方千米）	贸易投资便利、金融服务完善、监管安全高效、辐射带动作用突出、引领中国—东盟开放合作	
河北		面积 119.97 平方千米，涵盖雄安片区（33.23 平方千米）、正定片区（33.29 平方千米）、曹妃甸片区（33.48 平方千米）和大兴机场片区（19.97 平方千米）	贸易投资自由便利、高端高新产业集聚、金融服务开放创新、政府治理包容审慎、区域发展高度协同	
云南		面积 119.86 平方千米，涵盖昆明片区（76 平方千米）、红河片区（14.12 平方千米）和德宏片区（29.74 平方千米）	贸易投资便利、交通物流通达、要素流动自由、金融服务创新完善、监管安全高效、生态环境质量一流、辐射带动作用突出	
黑龙江		面积 119.85 平方千米，涵盖哈尔滨片区（79.86 平方千米）、黑河片区（20 平方千米）和绥芬河片区（19.99 平方千米）	营商环境优良、贸易投资便利、高端产业集聚、服务体系完善、监管安全高效	

虽然在功能设计、制度配套和发展目标上有一定联系和重合，但二者肩负的使命不同、实现的路径和建设的周期不同（张释文、程健，2018）。国家多批次、多省区批准设置自贸试验区，加快政府职能转变，通过这个制度创新的“试验田”深化改革、扩大开

放，推行贸易便利化、投资自由化，对接国际高标准规则体系，探索金融领域开放创新，完善法治保障。一方面，自贸试验区先行先试，为开放型经济发展探索新路，并通过复制推广带动其他地方发展；另一方面，在多数省市都已设立自贸试验区的情况下，它不可能是政策洼地，各地竞相开展制度创新，沿海与内陆形成各具特色的创新实践，以良性的区域竞争推动国家整体进步。自由贸易港定位是全面开放的新高地，需要在要素流动、市场准入、金融制度、税收、法律适用等方面做出一系列特殊的政策安排，既有引领新一轮全球化进程、建设开放型世界经济的需要，也有国内构建现代化经济体系、培育发展新动能的现实考虑。自由贸易港充分利用现有海关特殊监管区域和临港产业优势，充分利用“境内关外”特殊政策优势，培育“四新”经济，促进高质量发展，提升对全球开放及进行资源配置的能力。

第二章　建设高水平自由贸易港的实践与启示

第一节　自由贸易港建设的国际经验

一　成功经验

新加坡港、香港、釜山、迪拜、鹿特丹等港口，虽然其功能定位、发展模式不尽相同，但都成长为全球著名的自由贸易港，借鉴其经验做法对中国建设高水平自由贸易港具有重要意义。

（一）以精准化功能定位塑造竞争优势

全球经济多样性决定了不仅需要新加坡、中国香港等综合型自由贸易港，而且需要伦敦港、鹿特丹港等专注特定领域的自由贸易港，即便是新加坡港也在不断丰富、扩展其自由贸易港功能，关键是精准定位、顺应趋势、引领发展。迪拜1894年宣布成为免税自由港，1985年以来陆续设立了20多个功能定位不同的自由区，既包括贸工结合的杰贝阿里自由区、迪拜机场自由区、迪拜航空城，也包括迪拜媒体城、影视城、网络科技城、服务外包城、汽车城、纺织城、黄金和钻石交易城、国际金融中心、国际学术城、知识村、仁济救助城等定位高端、特色鲜明的园区。特别是迪拜多种商品交易中心（DMCC），于2015—2019年连续五度获得英国《金融时报》旗下*fDi*杂志全球自贸区评选的全球最佳，还在2019年的评选中获得“年度中东最佳自由区”“年度中东最佳中小企业自由区”和“年度全球最佳中小企业自由区”等七个奖项。新加坡仿效全球著名的艺术品自由港——日内瓦自由港，2010年设立直通机场航站楼的新加坡自由港（Le Freeport），打造全球规模最大的贵重资产和收藏品免税储藏地和交易中心，吸引包括佳士得在内的拍卖行、银行、博物馆、珠宝经营业者、艺术品收藏家等大量客户，进一步丰富了其作为自由港的财富管理功能。伦敦港口集装箱吞吐量虽然不及上海的1/10，但掌握了国际航运规则话语权，在海事仲裁、船舶注册、航运保险和保赔、航运金融及衍生产品等领域具有强大优势，保证了其顶尖航运中心地位。巴生港自由贸易区利用马来西亚在清真产品认证领域的全球领先地位，定位于全球穆斯林市场开发，吸引大批企业前来加工制造、开展贸易，成长为马六甲海峡附近重要集装箱港口。

（二）以便利化监管体系降低交易成本

各国政府着力在精简监管流程、强化监管平台等领域加强制度创新，推动港区内要素自由流动和离岸业务顺利开展。以贸易立国的新加坡，早在1984年就建设港口管理电子平台Portnet；1989年率先在全球推出国际贸易单一窗口TradeNet，整合进出口和转口贸易审批程序，实现高效电子通关；顺应互联网发展，在2007年推出综合信息平台TradeXchange，为企业提供标准化网络系统，方便贸易商与物流、金融、保险等供应链各环节对接，还为进驻自由贸易园区的企业提供货物存放、转口、作业费用等多项优惠政策。目前，新加坡政府正全力开发下一代贸易信息管理平台——国家贸易平台（National Trade Platform），整合 TradeNet 和 TradeXchange 的功能，于 2017 年年底逐步铺开使用。2009 年，荷兰鹿特丹港务局联合阿姆斯特丹港建立一站式物流信息交换平台 Portbase，服务覆盖集装箱、散杂货、干散货和液散货，通过港口社区系统（PCS），可针对供应链环节提供 40 多项服务。不设关税和简便的通关制度保证了中国香港港口的高效率运作，除酒类、烟草、碳氢油类及甲醇以外的商品均不需要缴纳关税和增值税，对贸易领域的干预只是关系民生的大米等少数商品，普通货物出入境也不需要提前申报，只需在进出境 14 日内向海关提交商品付运资料和报关单即可，一般半天内可以完成集装箱装卸和通关。通过实施“自愿计划”鼓励企业事前提供舱单信息，香港海关基本做到在货船到港前已将信息审核处理完，到港即可放行。香港海关还从 2015 年年底开始实施“自由贸易协定中转货物便利计划”，旨在便利中转香港货物享有内地签订的自由贸易协定的关税优惠，并对现有《海峡两岸经济合作框架协议》下的便利措施进行优化。世界经济论坛发布的《全球贸易促进报告 2016》，在 136 个被评估经济体中，新加坡第五次在贸易促进指数排行中名列第一，荷兰、中国香港分列第二、三位。

（三）以集约化管理模式提高运营效率

虽然自由贸易港管理机构各有不同，但都具备权限高、层级少、综合管理的特点。迪拜在 2001 年组建港口、海关与自由区集团（Ports，Customs and Free Zone Corporation），由时任迪拜王储穆罕默德担任该集团主席，下属成员包括迪拜海关、港口运营商 DP-World、自由区规划发展局 Trakhees、国际贸易单一窗口 Dubai Trade、杰贝阿里自由区等，作为一个集政府管理与企业运营功能于一身的综合机构，负责自由区全部招商、服务和行政管理工作，并对海关、金融监管、邮电交通运输、安全等相关行政服务部门统一管理、集中办公。中国香港特区政府整合航运发展局和港口发展局，2016 年成立香港海运港口局，协助政府制定海运及港口相关政策措施。中国台湾地区 7 个自由贸易港区全部由交通部门归口主管，其中 6 个海港型自由贸易港区由下属航港局管理，港区运营则由台湾港务股份有限公司统一负责，并在各港区成立自由贸易港区工作小组，提供单一窗口行政服务，协调处理该港区相关业务。科隆自由贸易区管委会是巴拿马中央政府直辖的自治机构，负责管理和组织本国和外国企业从事进口、展销、制造、装配和转口业务，向办公机构出租和修建住房、厂房、出租地皮、批准外国人在区内经商等[①]，管委会总经理由总统直接任命。

（四）以协同化临港产业促进港城融合

临港产业发展需要城市服务高端化和多元化作支撑，通过科学布局自由贸易港临港产业促进港城融合发展，直接促使邻近区域的城市功能完善和提升，也带动城市经济规模扩大。没有落后的产业，只有落后的技术，比利时安特卫普港凭借优越的地理位置、发达的转运系统，形成运输、物流和工业协同发展的产业格局，特别是打造了被誉为世界级典范的一体化运作化工园区，拥有欧洲最大、全球第二大化工产业集群和 4000 万吨/年炼化能力，包括埃克森美孚、道达尔、巴斯夫、陶氏化学等在内的世界十大化工公司都在港区投资或开展业务（国务院发展研究中心资环所课题组，

---

① 中华人民共和国驻巴拿马共和国大使馆经济商务处：《巴拿马科隆自由区——（二）现状》，中华人民共和国驻巴拿马共和国大使馆经济商务处网站，http：//panama.mofcom.gov.cn/article/b/201305/20130500108922.shtml，2019 年 9 月 9 日。

2017）。区内企业管道互通、产品互供、设施共享、资本融通，构筑了完整产业链条。港区大规模化工企业提供了可观的货物流量，吸引大量国际班轮停靠，使该港成为仅次于荷兰鹿特丹的欧洲第二大港口，并带动安特卫普成为比利时第二大经济中心。在1960年前，新加坡一直承担殖民经济体系中的贸易中转职能，转口贸易是国民经济的支柱，通过实施“替代进口工业化”战略，近六十年的发展成为世界三大石油出口冶炼中心之一、全球十大乙烯生产中心之一和重要的化学品工业中心，还是亚洲油产品的报价中心。韩国仁川经济自由区涵盖货运量全球第四的仁川国际机场，包括永宗（物流、旅游）、松岛（国际商务、IT、生物技术）、青罗（金融、旅游休闲、尖端汽车制造）三大片区，是韩国最早设立也是发展最成熟的经济自由区。其中，松岛新城作为韩国“U-City”计划五大示范城市之一，是绿色智慧型城市的先行者。除了吸引外资外，新城引进大批国际机构，包括联合国托存图书馆（UN Depository Library）、可持续发展中心（UNOSD）、亚太信息通信技术发展培训中心（UNAPCICT）、国际贸易法委员会（UNCITRAL）亚太区域中心等联合国机构，还有绿色气候基金（GCF）办事处、世界银行（World Bank）韩国办事处和全球绿色成长研究所（GGGI）等。

（五）以离岸化金融服务强化资源配置

资金自由是自由贸易港的最重要特征之一（陈晖，2016）。中国香港的地理位置介于纽约和伦敦之间，成为全球24小时金融服务体系必要一环，为其打造离岸金融中心提供了可能。香港1973年、1974年分别取消外汇、黄金进出口管制，1978年放开银行牌照，逐步形成具有高度开放性、流动性的金融市场，包括货币、股票、债券、外汇、黄金、保险及衍生品市场，其中证券市场2018

年 IPO 集资额 2865 亿港元，排名全球第一，全年增加 218 家新上市公司。在中央政府的政策支持下，无论从人民币存贷款还是贸易结算交易量看，香港都是最成熟的离岸人民币中心，其离岸人民币同业拆借市场利率最具影响力。新加坡作为中国香港在金融领域主要竞争对手，也无外汇管制，资金自由进出，逐步从强调管制、注重风险防范的区域市场演变成目前以信息披露为本和鼓励创新的国际金融中心，金融业增加值约占 GDP 的 13%。2008 年金融危机后，新加坡金融监管机构除货币发行权外，还扩展至对全部金融机构和金融市场进行统一监管。2017 年，新加坡金管局发布金融业转型路线图，提出打造全球领先的财富管理中心、亚洲基金管理中心和亚洲时区的外汇交易中心。[①] 2004 年，迪拜政府创建金融自由贸易区——迪拜国际金融中心（DIFC），按照国际最高标准运作，适用独立的民事和商业法律法规，主要业务包括银行业务、保险业务、财富管理、资本市场和专业服务，吸引近 500 家金融服务企业入驻，包括摩根士丹利、美林、德意志银行、瑞士信贷等银行、资产管理公司、保险公司和律师事务所。英国智库机构 Z/Yen 于 2019 年 9 月发布的第二十六期全球金融中心指数排行榜上，中国香港、新加坡、阿联酋迪拜分列第三、第四和第八位。

（六）以立体化集疏运系统扩大辐射范围

欧洲自由贸易港以发达的集疏运系统形成独特竞争优势，特别是高比例的铁水中转量。德国汉堡港虽然地处北海上溯 120 千米的易北河口，却可停靠世界最大型集装箱船，拥有发达的水路、铁

① Monetary Authority of Singapore, "Roadmap for a Leading Global Financial Centre in Asia", http://www.mas.gov.sg/News-and-Publications/Media-Releases/2017/Roadmap-for-a-Leading-Global-Financial-Centrein-Asia.aspx.

路、高速公路网，1100 条货运铁路班列连接周边国家，还是多条中欧班列的终点站。2018 年，汉堡港共实现 870 万标箱（TEU）吞吐量，其中占三成约 260 万标箱货物来往于中国各港口，连接中国 20 多个城市的中欧班列为汉堡港的海铁联运业务提供重要货源。鹿特丹港不仅是欧洲第一大港，在干散、液散和集装箱货物的细分市场均处于领导地位，其发达的集疏运系统可在 24 小时内连接欧洲主要经济中心，覆盖 5 亿人口的庞大市场。公路主要承担将货物运送本地及国内其他地区，内河船只通过马斯河和莱茵河直达荷兰、德国、比利时、法国、瑞士和奥地利主要城市，长 160 千米的专用国际货物运输铁路线将鹿特丹港与德国铁路网络直接连接，货物可在 3 小时内抵达德国边境。安特卫普港有 12 条铁路与欧洲铁路系统相连接，每周有 150 多车次集装箱专列往返于欧洲大陆主要城市，从安特卫普港出发的卡车约 4 小时抵达巴黎、5 个半小时达法兰克福。此外，还与泛欧内陆水路网络相连。世界最大的人工港——迪拜杰贝拉里港 1979 年投入使用，世界上最大的国际机场——阿勒马克图姆国际机场建成后预计每年可接待旅客 2.5 亿人次，迪拜“航空港 + 海港 + 自由贸易区”的协同运作模式大大巩固和提升了其中东物流航运枢纽的地位。

（七）以差异化税收安排鼓励科技创新

发展高水平自由贸易港，一方面可以凭借简单清晰的税制和较低税率吸引国际资本，另一方面，通过制定差异化的税收政策推动科技创新、发展高端产业。由世界银行与安永联合发布的《世界纳税指数 2018》对 190 个经济体的中型私营企业纳税环境进行评估，阿联酋、中国香港、新加坡分别排名第一、第三、第七位。迪拜 2018 年政府预算中税收占 21%，在全球都是偏低的，其低税负体现在：一是税种少，只征收社会保障税、关税、销售税、市政税、企业所得税；二是征税范围窄，如销售税仅限酒类，企业所得税也只对外资银行和石油企业征收；三是税率低，除石油企业适用55%的高所得税率外，税率基本比较温和（曾祥坤、赵福军、韩兵，2014）。迪拜还在各自由区实行更优惠政策，如区内企业允许100%外资拥有，允许企业在各自由区自由搬迁，50年所得税豁免，资本项目完全兑换，利润可100%汇出，不限制外籍雇员等。中国香港只设利得税、薪俸税和物业税3种直接税，不征收增值税和营业税，境外所得利润无须纳税，并设有免税额，对研发开支还有扣税优惠。新加坡的公司所得税税率17%，个人所得税最高边际税率22%，优惠政策主要基于鼓励投资、推动科技创新和增加就业机会，如为吸引资本流入对资本利得免税，为发展财富管理免征遗产税。

（八）以法治化营商环境稳固投资信心

自由贸易港的“境内关外”需要法治化营商环境规范和引领（龚柏华，2018）。《中华人民共和国香港特别行政区基本法》明确“香港特别行政区保持自由港地位，除法律另有规定外，不征收关税”，“香港特别行政区实行自由贸易政策，保障货物、无形财产和资本的流动自由”。在“一国两制”下，香港维系法治传统和司法独立，根据2015年伦敦玛丽皇后大学和美国伟凯律师事务所做调查，香港是全球排名第三、欧洲以外最受欢迎的仲裁地。香港特区政府及其公务员的权力均来自法律授权，如政府部门不能就其行政行为提供法律依据，法院将判决该行为无效，因此造成行政相对人损失的，由政府承担赔偿责任。另外，法律最大化地限制政府的自由裁量权，对于各部门依据自由裁量权所作出的行政决定，当法院认为其违背立法本意或者没有给予行政相对人合理的申诉机会，同样认定该决定无效。1969 年通过的《自由贸易区法案》是新加坡实施自由贸易区的规范法源。2015 年 1 月成立的新加坡国际商事法庭（Singapore International Commercial Court，简称 SICC），虽然是隶属于新加坡最高法院的高等法庭，但它适用独立于本国法律体系的诉讼程序规则，在法官队伍和代理律师国际化方面也有突破，迅速在国际商事纠纷领域树立了公信力，大大促进了本国法律服务业发展和新加坡法律的国际化。中国台湾地区 2003 年公布施行《自由贸易港区设置管理条例》，还配套制定港区货物通关、事业营运、申请设置、入出及居住等一系列管理办法。针对科隆自由贸易区，巴拿马政府以 1946 年第十八号法令进行单独立法，使自贸区的运营和管理有法可依，充分保障企业投资和人员合法权益。毛里求斯政府于 1991 年制定《自由港法》，1993 年将首都路易港辟为自由港。俄罗斯《符拉迪沃斯托克自由港法》在 2015 年 10 月 12 日生效，对自由港设定 70 年的运营期限，并规定了人员、货物出入境便利措施，以及税收优惠政策。

二　主要教训

（一）基础条件不足

从诸多自由贸易港的发展历程来看，区位选择、基础设施、经济腹地等很大程度上决定了其成败。港区一般要与海空交通枢纽相连，与人口稠密区域毗邻，并具备专业完备的基础设施，比如鹿特丹港之于欧洲大陆，新加坡港之于亚太区域。俄罗斯把振兴远东地区作为经济发展的优先任务，2015 年 7 月在符拉迪沃斯托克（海参崴）及其周边区域建立自由港，在税收、海关、检疫等方面提供优惠政策，但目前项目投资情况不尽如人意。截至 2017 年 11 月 15 日，只有 25 家企业动工，实际投资额 160 亿卢布（约合 2.7 亿美元），创造就业岗位 1736 个。[①] 究其原因，一是符拉迪沃斯托克所在的远东联邦区地广人稀、气候寒冷，联邦区面积 695.26 万平方千米，占俄总面积的四成，人口只有 800 多万，占俄总人口 5.6%，并且还在流失中。二是交通基础设施不够发达，港口集装箱吞吐量不到百万箱，与西伯利亚铁路另一端的首都莫斯科相距达 9000 多千米。三是政策落实不到位，联邦层面立法还需要地方政府细化落实，由于项目与土地规划不相符，多数投资项目不能按时开工建设。又如，日本冲绳自由贸易区，由于区位不佳、定位模糊、竞争力不足，也是不成功的案例。

（二）业务创新滞后

随着世界经济的发展，自由贸易港也在不断升级变化，即便是相对固守物流集散功能的欧洲各自由贸易港，也通过先进的港口设施、高效的集疏运系统和发达的临港产业保持竞争活力。科隆自由贸易区建于 1948 年，占地近 800 公顷，是西半球最大的自由贸易港，位于巴拿马运河大西洋入海口处，具备航运航空枢纽的有利条件，与运河和金融业并列为巴拿马经济三大支柱。自建立以来，科隆自由贸易区即以转口贸易为核心业务，区内产业设置围绕其展开，包括仓储物流、分销、会展、金融等。由于科隆并未像中国香港、新加坡那样转型升级为综合型自由贸易港，形成集聚、配置全球资源的强大能力，其发展严重依赖于商品转运的腹地区域。受

① 中华人民共和国驻俄罗斯联邦大使馆经济商务处：《符拉迪沃斯托克自由港投资项目进展缓慢》，中华人民共和国驻俄罗斯联邦大使馆经济商务处网站，http：//ru. mofcom. gov. cn/article/jmxw/201712/20171202686461. shtml，2019 年 11 月 5 日。

到南美两大市场哥伦比亚与委内瑞拉的拖累，科隆自贸区近年来经营状况不佳，贸易额遭遇连续4年下滑，2013—2016年贸易额减少108.74亿美元，降幅达36%。[①] 其中，委内瑞拉宏观经济濒于崩溃，无力偿还货款，造成大量债务纠纷，哥伦比亚对科隆自贸区的纺织品和鞋类再出口的惩罚税金也严重影响其对周边国家出口。

（三）过多地区布点

自由贸易港不同于自由贸易园区，一般都是区域或全球贸易、航运、金融中心，在辐射带动区域发展的同时，也会对周边资源产生“虹吸效应”。如果基于各区域协调发展或国外选票政治的考虑，过多布点，各个自由贸易港定位难以区分，势必造成竞争加剧，资源分散。2003年以来，韩国先后设立了8个经济自由区，但发展情况参差不齐。突出问题有：建设的规划性不足、环境差别化缺失、经济自由区与大城市之间缺少必要的连接性、地区间不平衡发展导致的社会矛盾、差别化开发战略设定不妥等（洪性宰，2014）。韩国国内有观点认为，只有釜山和仁川具备实力建设自由贸易港。2016年，韩国经济自由区的外商直接投资申报额24.2亿美元，为2012年后最高纪录。按区域划分，仁川为15.7亿，釜山镇海为4.6亿；实际到位金额与2015年相仿，仅停留在5.9亿美元水准。[②] 为避免重复管理，新万金—群山经济自由区于2018年4月并入新

① 中华人民共和国驻古巴共和国大使馆经济商务处：《巴拿马科隆自贸区呈现复苏迹象》，中华人民共和国驻古巴共和国大使馆经济商务处网站，http：//cu.mofcom.gov.cn/article/jmxw/201703/20170302539143.shtml，2019年11月5日。

② 中华人民共和国商务部：《韩经济自由区今年外国投资为近年最多》，中华人民共和国商务部网站，http：//www.mofcom.gov.cn/article/i/jyjl/j/201612/20161202312526.shtml，2019年10月5日。

万金事业区统一推进。中国台湾岛上密集分布了六海一空共7个自由贸易港区，花莲港自由贸易港区也在筹设中，各港区之间相距不超过100千米，前政府力推的升级为“自由经济示范区”的计划也无疾而终，实际上各港区是一种低水平竞争。以竞争力最强的高雄自由贸易港区为例，2017年1—11月进出口贸易量为109.96万吨，总值仅为新台币748亿元（约25亿美元）①，虽然创下历史新高，但与世界著名的自由贸易港难以相提并论。

第二节　自由贸易港建设的中国实践

一　海南自贸区（港）

作为一个相对独立的地理单元，海南是在基础比较薄弱的条件下开始经济特区建设的，又在城镇化水平刚刚达到全国平均水平的情况下开始探索中国特色自贸区（港）建设，而去房地产化带来的新旧动能转换阵痛，给各项建设工作提出挑战。以2018年4月习近平总书记在庆祝海南建省办经济特区30周年大会上宣布党中央决定支持海南全岛建设自由贸易试验区为标志，国家先后出台《关于支持海南全面深化改革开放的指导意见》和《中国（海南）自由贸易试验区总体方案》，成立推进海南全面深化改革开放领导小组，建立健全“中央统筹、部门支持、省抓落实”的工作机制，推动全面落实“1+N”政策体系，制定出台自贸试验区总体方案等9

① 赖文萱：《高雄自贸港区贸易量创新高》，台湾中时电子报网站，http：//www.chinatimes.com/cn/newspapers/20180103000275-260203，2019年10月5日。

个主体性实施方案、30 个中央部门具体支持措施。海南围绕“三区一中心”战略定位，以制度创新为核心推动自贸试验区建设，探索推进自由贸易港建设，着力构建贸易投资自由化、便利化的制度体系，打造国际一流营商环境。大力推动 12 个方面制度创新，截至 2019 年年底，分 6 批正式对外发布 71 项制度创新案例，包括首创商事登记“全省通办”、出台“全国首张不予税务行政处罚正面清单”、实施“简化简易商事主体注销公告程序”、创新“不征不转、只征不转”土地利用制度，税收征管“一次不跑、一步到位、一站办结”等。破除“房地产依赖症”，以旅游业、现代服务业、高新技术产业为主导，大力发展国家南繁科研育种基地、国家热带农业科学中心、全球动植物种质资源引进中转基地、航天领域重大科技创新基地、国家深海基地南方中心等“五大平台”和旅游、热带特色高效农业、互联网、医疗健康、海洋等 12 个重点产业，在旅行、运输和知识产权等重点领域推动服务贸易创新发展。海南自由贸易港法列入国家立法计划，在全国首设省级跨区域集中管辖涉外民商事案件的专门法庭，挂牌成立海南第一、第二涉外民商事法庭和海口知识产权法庭，实行“立、审、执”一体化运行。2019 年 1—11 月，海南全省新增市场主体 22.5 万户，同比增长 69.1%；实际使用外资 6.35 亿美元，增长 214.7%，增速居全国各省市区第一；新设外资企业 290 家，增长 101.4%。

从“逐步探索”到“加快探索”，随着习近平总书记在第二届进博会上郑重宣告要“加快推进海南自由贸易港建设”，2019 年年底的中央经济工作会议强调“推动建设海南自由贸易港”，商务部牵头完成海南自贸港政策和制度体系研究，自贸港建设总体方案制定出台，2020 年成为海南自贸港建设的开局之年。海南自贸港建设将对接国际最高水平，但并不盲目照搬，制度创新不以复制推广为主要目标，坚持中国特色社会主义发展道路。建设特色鲜明的国际旅游消费中心，突出贸易自由和投资自由，构建多功能自由贸易账户体系，实施市场准入承诺即入制度和特殊税收制度，实现货物、服务、资金、人员和信息要素等最大限度地自由流动，并建立与国际接轨的事中事后监管标准和规范制度。

二 上海自贸区临港片区

早在2017年3月，《全面深化中国（上海）自由贸易试验区改革开放方案》就提出设立自由贸易港区的设想。2019年8月印发《中国（上海）自由贸易试验区临港新片区总体方案》（国发〔2019〕15号）显示，临港新片区不同于以往的扩区，从原有的“制度创新试验田”升级至“试验田 + 特殊经济功能区”，提出2025年甚至2035年的中长期任务目标，被定位为“打造更具国际市场影响力和竞争力的特殊经济功能区”，实施具有较强国际竞争力的开放政策和制度，推动投资、贸易、资金、运输、人员从业五方面“自由”，使其具备了自贸港的某些特征。新片区将参照经济特区管理，被赋予地方立法权。同时，还在区内设立物理围网区域，新建立的洋山特殊综合保税区将成为海关特殊监管区域全新类型，率先探索实施以安全监管为主、更高水平贸易自由化便利化监管政策。

临港新片区将被打造成为新的“经济增长点”，发展实体经济与自贸区功能紧密结合，提升科技创新与产业融合能力，强调建立开放型产业体系，发展集成电路、人工智能、生物医药、民用航空、智能制造等前沿产业集群，发展以总部经济、跨境电商、数字贸易为代表的新型国际贸易，还有跨境金融服务、数字贸易、国际航运服务、国际医疗和人才服务等。在税收优惠方面有重大突破，包括给予符合条件的企业所得税优惠，进一步完善启运港退税政策，研究实施境外人才个人所得税税负差额补贴政策等。

第三节 启示与借鉴

一 明确功能定位，因地制宜推进

党的十九大报告提出探索建设自由贸易港，习近平总书记在庆祝海南建省办经济特区 30 周年大会上的讲话中指出要“建设自由贸易试验区和中国特色自由贸易港”，基于现实条件通过两步走、分阶段达成建设目标。自由贸易港功能正不断演进，从物流集聚向功能、网络集聚发展，服务贸易扮演更重要角色。建设自由贸易港既要服务国家战略、对接最高标准，顺应国际贸易内容、主体和方式的变化趋势，也要尊重无法全盘复制小型经济体高度自由、全面开放政策的发展现实，不能简单地对比中国香港地区、新加坡的一线充分放开政策，忽视中国作为大国在政策统一实施与差异化对待上面临的难点和困境。新加坡占据马六甲海峡的极佳地理位置，海峡年通过货运量约占世界货运总量的近 1/3，服务“两头在外”赚取业务增值的转口港模式决定了其“境内关外”的监管和税收政策设计。必须要看到国内几个世界级大港（上海、宁波—舟山、深圳、广州）主要优势还是服务本地体量巨大的生产体系和消费市场、带动本国经济融入世界市场，在地理位置上优势并不突出，过于追求中转货物绝对量的增加，意味着更优惠的政策和更大力度的资源投入，而且未必能吸引全球货物到此中转。

要兼顾高标准对外开放和辐射国内市场的双重目标（彭羽、沈玉良，2018），在实施区域选择上，避免多区块设置、力推区域协调发展的思路，要选择自然人文条件最优、发展潜力最大的若干区域。一是以项目带动，重点突破贸易便利化政策，发挥跨境电子商务优势，发展转口贸易；二是建设自由便利营商环境，如负面清单、账户体系、规则适用、法治保障，加强与“一带一路”沿线国家和地区的制度和规则对接；三是扩大金融、教育、文化、医疗等行业开放，集聚创新型高端临港产业，发展贸易和服务结算中心、全球资源管理中心等新兴业态，提升面向企业境外投资和跨国经营的咨询、会计、法律等相关服务水平；最终形成离岸贸易、离岸金融驱动发展态势，具备全球资源配置能力。

二 对标国际先进，超越政策优惠

自由贸易港建设离不开优越的地理位置和自然环境，但欲脱颖而出还要靠便利化、法治化、国际化营商环境，中国香港、新加坡等因此多次在全球营商环境、综合竞争力等权威排行榜中名列前茅。不同于自由贸易试验区聚焦制度创新和复制推广，自由贸易港最重要的是对标和竞争，对标不仅是优惠政策的对标，而且要通过高水平竞争增强我国对全球资源配置能力和在全球经济治理中的话语权。自由贸易港在建设初期需要提供一整套有竞争力的优惠政策，如允许区内企业100%外资所有，实施简单税制和低税率。但更重要的是，要打造便利化监管体系，推进“放管服”改革，在中转贸易、外商投资、海关和边境管理、劳工、知识产权、环保等领域形成更加高效安全、自由宽松的制度安排，降低交易成本。要营造法治化营商环境，做好法律法规清理工作，对自由贸易港建设单独立法（任建雄，2013）。可借鉴迪拜在自由区内实行对接国际贸易投资规则的独立法律体系，解除投资者后顾之忧。

三　夯实发展基础，增强辐射带动

纵观全球，自由贸易港建设需要强大的基础设施和集疏运系统为支撑，新加坡港、香港、迪拜、釜山、鹿特丹等无不依托世界大港、天然良港，集装箱吞吐量名列世界前茅（见表 2 - 1），香港、新加坡港、迪拜、仁川还拥有国际枢纽机场。各港口为保持竞争力，持续扩张码头，提升作业自动化、物流信息化水平，强化中转港功能。面对马来西亚巴生港和丹戎帕拉帕斯港的围追，新加坡已着手在西部工业园附近建设新港口，预计 2025 年之前投入使用时港口吞吐量将增至目前的 1.5 倍。相比其他自由贸易港，国内主要港口具备打造海、陆、空一体化交通枢纽的基础和潜力，应加快推进港口基础设施建设（黄志勇、李京文，2012）。特别是疏港高速公路、疏港铁路的建设，完善铁水、江海、海空等多式联运体系，提高港口辐射能力和衔接转换水平。要采取混合所有制改革方式有效整合港口资源，建设多式联运海关监管中心，构建现代化、信息化海空港管理与运作体系，形成各港口联动机制。

表 2-1　英国《劳氏日报》2018 年全球港口集装箱吞吐量 20 强

排名	港口	吞吐量（万 TEU）	同比增速（%）
1	上海	4201	4.4
2	新加坡	3660	8.7
3	宁波—舟山	2635	7.1
4	深圳	2574	2.1
5	广州	2192	7.6
6	釜山	2166	5.7
7	香港	1960	-5.7
8	青岛	1932	5.8
9	天津	1597	6.2
10	迪拜	1495	-2.7
11	鹿特丹	1451	5.7
12	巴生	1232	2.8
13	安特卫普	1110	6.2
14	厦门	1070	3.1
15	高雄	1045	1.7
16	大连	977	0.6
17	洛杉矶	946	1.2
18	丹戎帕拉帕斯	896	8.5
19	汉堡	873	-1.0
20	长滩	809	7.2

四　补齐金融短板，注重风险防范

过去自由贸易港的地位由港口大小、基础设施和吞吐量决定，现在金融、航运等专业服务扮演着越来越重要的角色。香港、新加坡港、迪拜等综合型自由贸易港已把金融业打造成支柱产业，汉堡、釜山等中转集散型自由贸易港的航运金融发达，巴拿马、毛里求斯等小国的离岸金融快速发展。根据全球金融中心指数（GFCI26）的排名，香港、上海、北京、深圳、广州、青岛的金融综合竞争力都已进入全球50强，但对比国外先进城市还存在金融交易平台辐射力不足、高端金融人才集聚度不高等短板。未来要构建适应自由贸易港贸易投资需求、服务实体经济的金融服务体系，优化自由贸易账户体系，积极开展跨境人民币业务创新，完善大宗商品供应链金融服务，大力发展航运金融。同时，试点金融综合监管，建设金融风险防控大数据系统，严守风险底线。

第三章　广州开放型经济发展现状评析

第一节　发展现状

广州历来具有特色鲜明的敢为人先、求真务实、兼容开放、开拓创新的精神品格，正是这种历史传承使广州较早出现现代化萌芽，并在改革开放中常常先行一步，成为开放型经济发展的前沿地。广州勇担全国综合改革和全方位开放试验的重任，率先探索社会主义市场经济，在中国从计划经济向市场经济过渡中起到压力测试和先导示范作用；同时，以港资为先导大力引进外资、先进技术和管理经验，较早实现本地经济与经济全球化接轨融合发展。广州早在1984年被国务院确定为全国沿海开放城市，还先后成为全国综合试点城市和金融、法制、科技、商业流通、国有企业股份制全面试点城市。以1992年邓小平南方谈话和党的十四大为标志，中国进入建立社会主义市场经济体制的新阶段，作为全国第二轮综合配套改革试点城市的广州也走在了时代的前列。21世纪以来，广州更加注重改革城市规划和管理体制，发挥国家中心城市功能，千年商都正奋力实现“老城市新活力”，以坚实的步伐迈向全球城市。

一　货物贸易

广州外贸进出口总额从1978年的1.3亿美元到2000年的233.5亿美元再到2018年的1484.8亿美元，在多数年份保持增长，并从初期的进出口基本平衡演变为近几年的顺差逐渐扩大（见图3-1）。2018年，全市外贸进出口总值9810.2亿元，增长1.0%；以美元计价，外贸进出口总值1484.8亿美元，增长3.7%，占全省进出口总值的13.7%，所占份额少于深圳和东莞。其中，出口5607.58亿元，下降3.2%；进口4202.57亿元，增长7.1%。2018年进出口增长情况稍弱于全国和全省平均水平，全国进出口、出口和进口分别增长9.7%、7.1%和12.9%；全省进出口、出口和进口分别增长5.1%、1.2%和11.3%。

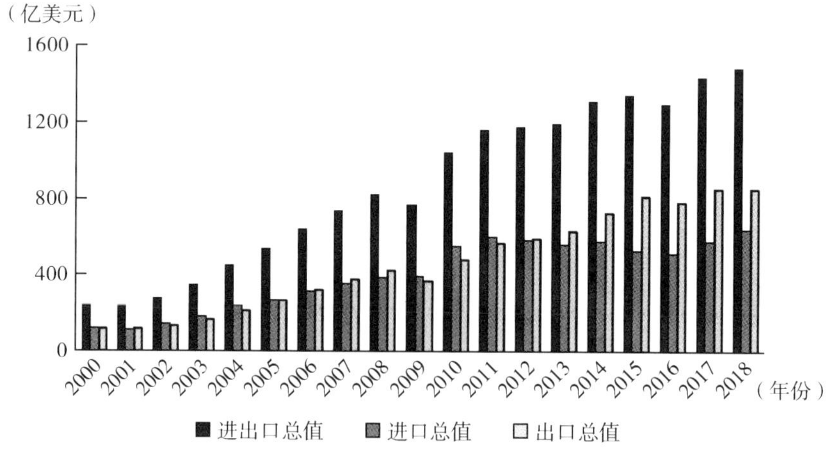

图3-1　2000年以来广州进出口总值增长趋势

资料来源：根据《广州统计年鉴2019》数据整理。

（一）贸易方式

一般贸易是广州最主要的贸易方式，加工贸易作为第二大贸易方式所占比重在下降（见表3－1）。2018年，一般贸易进出口额4594.2亿元，占全市进出口总值的46.8%，增长4.6%，所占比重比2017年提高1.6个百分点；加工贸易进出口2654.4亿元，占全市进出口总值的27.1%，下降3.1%，所占比重比2017年下降1.1个百分点。加工贸易创新发展，效益、技术、品牌溢出效应不断提高，跨国公司越来越重视在穗设立研发机构，先进技术呈现显性或隐性扩散趋势，同时加工贸易企业加快培育形成自主品牌。跨境电子商务拓宽企业直接进出国际市场渠道，有利于用"互联网＋外贸"实现优进优出，2018年实现进出口246.8亿元，增长8.4%，占全市进出口总值的2.5%，进出口额排名全国大中城市第二位。市场采购贸易成为外贸稳增长、转方式的新增长点和重要突破口，全年市场采购出口1580.9亿元，占全市进出口总值的16.1%。

表3－1　　2018年广州进出口商品贸易方式总值

贸易方式	进出口（万元）	同比（%）	占比（%）
一般贸易	45942383.2	4.6	46.8
加工贸易	26544463.3	－3.1	27.1
进料加工贸易	19314187.8	－3.7	19.7
其他贸易	16297669.3	－5.1	16.6
保税物流	8978758.5	13.5	9.2
来料加工装配贸易	7230275.5	－1.4	7.4
海关特殊监管区域物流货物	5335333.9	9.7	5.4
保税监管场所进出境货物	3643424.6	19.6	3.7
对外承包工程出口货物	156082.5	－59.2	0.2
外商投资企业作为投资进口的设备、物品	136668.9	10.2	0.1

续表

贸易方式	进出口（万元）	同比（%）	占比（%）
租赁贸易	22192.7	-89.9	0.0
加工贸易进口设备	8714.4	-34.4	0.0
出料加工贸易	8664.5	87.6	0.0
国家间、国际组织无偿援助和赠送的物资	4006.6	-26.5	0.0
特殊监管区域进口设备	1880.2	224.1	0.0
合计	98101484.2	1.0	100.0

资料来源：中华人民共和国海关总署网站，http：//www.customs.gov.cn/。

（二）市场结构

广州对外贸易市场集中度较高。2018年，广州对欧盟、美国、东盟、日本、中国香港这前五大贸易伙伴进出口5930.0亿元，占全市进出口总值的60.4%；对前十大贸易伙伴进出口7551.5亿元，占全市进出口总值的77.0%。前十大贸易伙伴中，欧盟（第二大出口、第二大进口）、美国（第一大出口、第五大进口）、东盟（第四大出口、第四大进口）、日本、中国香港、韩国、中国台湾和印度既是前十大出口市场，也是前十大进口来源地（见表3-2）。其中，对欧盟进出口1442.3亿元，下降0.4%；对美国进出口1310.1亿元，增长5.1%，其中进口增速较快；对东盟进出口1297.5亿元，增长4.7%；对日本进出口1038.8亿元，增长11.3%，进口和出口都保持两位数增长速度；对中国香港进出口841.3亿元，下降4.5%。另外，对“一带一路”沿线区域进出口2463.5亿元，微降1.9%，其中出口1686.7亿元，进口776.8亿元。

表 3-2　　广州十大贸易伙伴（2018 年）

贸易伙伴	进出口（万元）	同比（%）	出口（万元）	同比（%）	进口（万元）	同比（%）
欧盟（28 国）	14423199.7	-0.4	8104047.0	0	6319152.8	-1.0
美国	13100781.6	5.1	8214852.6	-0.6	4885929.1	16.3
东盟（10 国）	12974771.6	4.7	7939238.3	3.9	5035533.2	5.9
日本	10388096.9	11.3	2492449.3	10.7	7895647.6	11.5
中国香港	8412814.5	-4.5	8087171.4	-3.5	325643.1	-24.9
韩国	6501506.1	11.2	1190974.5	-2.6	5310531.5	14.9
中国台湾	2878355.5	-3.0	711265.4	-15.3	2167090.1	1.8
印度	2551518.4	-14.8	1643809.6	-22.9	907708.8	5.5
南非	2331330.5	8.0	433690.4	3.5	1897640.1	9.0
墨西哥	1952695.1	18.4	1635764.6	7.2	316930.5	159
合计	98101484.2	1.0	56075757.8	-3.2	42025726.4	7.1

资料来源：中华人民共和国海关总署网站，http：//www.customs.gov.cn/。

（三）商品结构

近年来，广州不断加强自身创新能力，大力支持具有自主品牌和知识产权的机电产品、高新技术产品出口，为保障外贸增长和产品结构优化起到关键性支撑作用。但作为传统商贸物流中心，广州进出口商品中原材料和劳动密集型产品所占比重较大，机电产品和高新技术产品所占份额均低于全省平均水平。2018 年，广州机电产品出口 2820.3 亿元，占全市出口总值 50.3%（全省为 69.1%），下降 5.1%；高新技术产品出口 863.5 亿元，低于深圳、东莞和惠州，占全市出口总值 15.4%（全省为 36.1%），下降 13.0%。纺织、服装、箱包、家具、灯具、鞋类和玩具等仍是广州重要出口商品（见表 3-3）。其中，最大宗的服装及衣着附件出口 640.0 亿元，下降 19.2%；贵金属或包贵金属的首饰排名第二，出口 265.5 亿元，增长 2.0%；液晶显示板出口 261.1 亿元，下降 6.3%；箱包及类似容器出口 209.7 亿元，下降 10.7%；纺织纱线、织物及制品出口 194.0 亿元，下降 14.1%。

表 3－3　　广州十大进出口商品（2018 年）

商品	出口（万元）	同比（%）	商品	进口（万元）	同比（%）
服装及衣着附件	6399705.2	－19.2	初级形状的塑料	2784241.9	6.3
贵金属或包贵金属的首饰	2654664.8	2.0	汽车零配件	2629173.8	26.4
液晶显示板	2610713.7	－6.3	飞机及其他航空器	2450278.6	51.5
箱包及类似容器	2097155.5	－10.7	液晶显示板	1993386.2	－6.3
纺织纱线、织物及制品	1939757.1	－14.1	集成电路	1858851.3	9.9
汽车零配件	1810636.7	0.2	钻石	1797158.1	14.2
家具及其零件	1778471.2	－4.5	计量检测分析自控仪器及器具	1230318.9	11.4
灯具、照明装置及零件	1653394.8	3.4	乳品	1201235.7	20.1
鞋类	1455155.3	－13.2	钢材	1050600.9	9.9
玩具	1451751.5	214.6	医药品	843674.8	－11.2

资料来源：中华人民共和国海关总署网站，http：//www.customs.gov.cn/。

2018 年，广州机电产品进口 1979.7 亿元，占全市进口总值 47.1%（全省为 69.1%），增长 15.1%；高新技术产品进口 1190.7 亿元，低于深圳和东莞，占全市进口总值 28.3%（全省为 55.0%），增长 10.9%。主要进口商品中，最大宗的初级形状的塑料进口 278.4 亿元，增长 6.3%；排名第二的汽车零配件进口 262.9 亿元，增长达 26.4%；飞机及其他航空器成为亮点，进口 245.0 亿元，增长51.5%；液晶显示板进口199.3亿元，下降6.3%；集成电路进口185.9亿元，增长9.9%。此外，钻石、乳品等进口也保持较快增速。

（四）企业性质

广州外贸企业加快转型升级，更加注重创新研发、创建自主品牌，民营企业在外贸领域异军突起，广州外贸正从“外资企业+加工贸易”到“民营企业+一般贸易”贸易模式转换，内生发展动力增强。当前，广州民营企业和外资企业进出口所占份额旗鼓相当，国有企业所占份额在下降。2018年民营企业进出口4254.5亿元，占全市进出口总额的43.4%，增长5.0%；外资企业进出口4198.4亿元，占全市的42.8%，增长1.4%；国有企业进出口1271.6亿元，占全市的13.0%，下降11.8%。

二 利用外资

2004年[1]以来，广州经受住了2008年金融危机和2009—2010年欧债危机的考验，实际利用外资金额保持15年正增长（见图3-2）。2018年，广州新设立外商投资企业5376家，增长118.6%；实际使用外资66.11亿美元，增长5.1%，利用外资规模在省内仅次于深圳。外商及港澳台经济占全市规模以上工业企业利润总额的58.2%，涉外税收占全市总税收的四成左右。截至2018年年底，累计批准设立外商投资企业约3.6万家，实际利用外资930多亿美元。随着自贸试验区、国家级经济开发区通过制度创新不断增强

① 2002年、2004年利用外资统计口径分别进行了调整，数据与之前年份不可比。

对外资的吸引力，高清新型显示、集成电路、5G 等先进制造业领域形成新的外资集聚，正成为广州迈向高质量发展新阶段的重要动能。

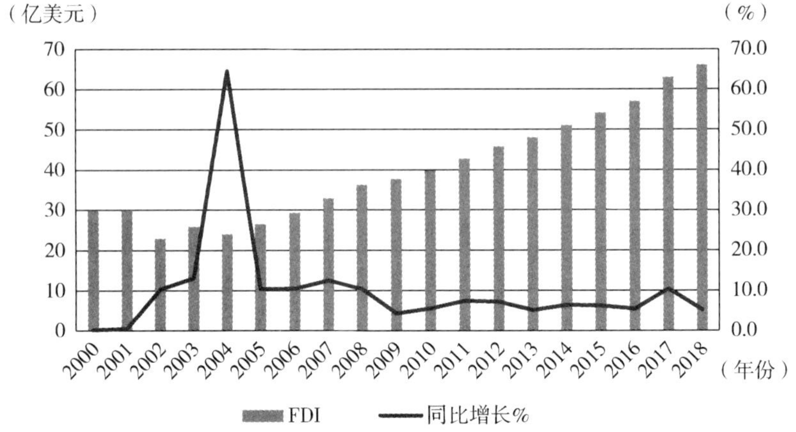

图 3－2　广州历年实际利用外资情况

资料来源：根据《广州统计年鉴》数据整理。2002 年、2004 年同比增长率按可比口径计算。

从投资行业看，制造业，房地产业，租赁和商务服务业，交通运输、仓储和邮政业是前四大实际使用外资行业，它们合计占当年实际使用外资总额的 78.6%（见表 3－4）。其中，制造业成为增长亮点，全年新设外商投资企业 135 家，实际使用外资 29.4 亿美元，增长 237.1%，使用外资规模占全市的 44.5%。医药制造业、计算机、通信和其他电子设备制造业等先进制造业实际使用外资呈现较大增长。从三次产业看，服务业仍是外资主要投资方向，全年新设外商投资企业 5136 家，数量占全市的 95.5%，实际使用外资 36.3 亿美元，金额占全市的 55.0%。从投资来源地看，香港凭借自由港和大湾区地缘优势，仍是广州利用外资主要来源地。2018 年，实际使用源自香港的外资为 40.4 亿美元，下降 22.0%，占全市实际使用外资总额的 61.1%。中国香港、韩国、日本、百慕大、新加坡是广州前五大实际使用外资来源地；“一带一路”沿线国家和地区在穗直接投资快速增长，实际使用 2.7 亿美元，增长 121.4%。

表 3－4　　　　广州外商直接投资项目分类（2018 年）

产业分类		项目（企业）个数	实际使用外资	
			金额（万美元）	占比（%）
第一产业	农、林、牧、渔业	9	230	0.0
第二产业	制造业	135	293978	44.5
	电力、热力、燃气及水生产和供应业	4	0	0.0
	建筑业	95	3193	0.5
第三产业	交通运输、仓储和邮政业	56	62325	9.4
	信息传输、计算机服务和软件业	456	31704	4.8
	批发和零售业	1855	40642	6.1
	住宿和餐饮业	45	1453	0.2
	金融业	1058	28761	4.4
	房地产业	77	88757	13.4
	租赁和商务服务业	963	74820	11.3
	科学研究和技术服务业	517	19885	3.0
	水利、环境和公共设施管理业	1	65	0.0
	居民服务、修理和其他服务业	23	141	0.0
	教育	19	1709	0.3
	卫生和社会工作	4	4269	0.6
	文化、体育和娱乐业	59	9176	1.4
总计		5376	661108	100.0

资料来源：根据《广州统计年鉴 2019》整理。

第二节 比较分析

随着2000年以后中国全方位对外开放新格局的逐步形成，外资从华南向长三角、环渤海区域扩散，中西部引资能力也不断增强，广州实际利用外资额占全国比重出现下降。广州外贸竞争力多年保持在国内十强之列，但稍弱于深圳、上海、东莞和苏州等外贸大市。

一 总量规模

广州的外资外贸总量规模在全省的首位度不够，在全国城市中竞争优势不突出。国内北京、上海、天津等城市在吸引外资方面保持领先，以苏杭为代表的江浙城市实力突出，中西部武汉、郑州、重庆、成都正逐步崛起。2000年广州实际利用外资额占全国、全省的比重分别为7.3%、24.4%，到2018年两个指标分别为4.5%、27.2%，说明广州在省内的地位回稳，在全国引资格局中的地位被削弱。广州目前利用外资规模，无论是绝对值还是相对值，与国内其他一线城市还有差距。2018年，广州实际利用外资金额落后于北京、上海和深圳（见表3－5）。按照平均汇率折算，广州实际利用外资金额占当年地区生产总值的比重为1.7%，低于北京（3.7%）、上海（3.2%）和深圳（2.1%）。从区域看，粤港澳大湾区内也有众多强大竞争对手。2018年广州在项目（企业）数、实际使用外资额等指标上落后深圳，位居全省第2位，同时还面临着珠海、东莞和惠州的有力竞争（见图3－3）。

表 3－5 国内主要城市实际利用外资情况

城市	2017 年		2018 年	
	金额（亿美元）	同比（%）	金额（亿美元）	同比（%）
北京	232.6	84.8	167.4	－28.0
上海	158.2	－14.2	166.6	5.3
天津	44.2	0.5	45.9	4.0
重庆	22.6	－9.9	32.5	43.8
广州	62.9	10.3	66.1	5.1
深圳	71.5	7.9	77.9	9.1

资料来源：根据各地统计局及商务部门发布数据整理。

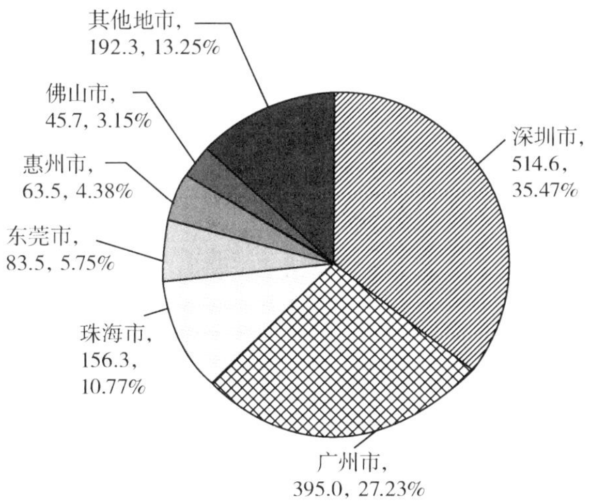

图 3－3 广东省主要地市实际使用外资情况（2018 年）（余额单位：亿元）

资料来源：根据商务部门统计数据整理。

“中国外贸百强城市”年度榜单由海关总署在 2008 年建立，兼具专业性和权威性，它针对水平竞争力、结构竞争力、效益竞争力、发展竞争力和潜力竞争力五大分项共 25 个指标进行打分，得出我国地级以上城市的外贸综合竞争力分值。近几年，广州在榜单上基本稳定在第六位至第十位；深圳外贸出口连续 26 年居内地大中城市首位，榜单设立至今，深圳也一直占据第一名；东莞外贸规模大、增长后劲足，在榜单上与上海的差距在缩小，已发布的11年榜单中7次排名全国第4位，仅在2009年列第5位，2016年、2017年和2018年榜单中连续保持第三（见表3－6）。从省内各地市进出口额来看，2018年广州进出口总额落后于深圳和东莞，列全省第3位（见表3－7）。

表3－6　　　　中国外贸百强城市排名（部分）

综合排名	2016年		2017年		2018年	
	城市	综合得分	城市	综合得分	城市	综合得分
1	深圳	80.8	深圳	81.9	深圳	82.6
2	上海	78.4	上海	80.1	上海	80.7
3	东莞	78.1	东莞	79.5	东莞	80.4
4	苏州	77.5	苏州	79.1	苏州	79.9
5	珠海	75.8	厦门	77.8	珠海	78.1
6	广州	75.6	广州	77.0	厦门	77.8
7	厦门	75.6	珠海	76.9	广州	77.1
8	天津	74.1	宁波	75.8	宁波	76.3
9	宁波	73.8	天津	75.7	天津	75.7
10	北京	73.5	南京	74.4	北京	75.7

资料来源：《中国海关》2017年总第304期、2018年总第352期、2019年总第364期。

表3－7　　　　广东主要地市进出口情况

地市	2016年			2017年			2018年		
	金额（亿美元）	同比（%）	占比（%）	金额（亿美元）	同比（%）	占比（%）	金额（亿美元）	同比（%）	占比（%）
全省	9561.1	－6.5	100.0	10064.9	5.4	100.0	10851.0	7.8	100.0
珠三角九市	9109.9	－6.6	95.3	9610.5	5.6	95.5	10391.9	8.1	95.8

续表

地市	2016 年			2017 年			2018 年		
	金额（亿美元）	同比（%）	占比（%）	金额（亿美元）	同比（%）	占比（%）	金额（亿美元）	同比（%）	占比（%）
广州	1293. 4	-3. 4	13. 5	1432. 3	10. 8	14. 2	1485. 0	3. 7	13. 7
深圳	3983. 1	-10. 0	41. 7	4139. 5	3. 9	41. 1	4539. 2	9. 6	41. 8
珠海	417. 2	-12. 4	4. 4	442. 5	6. 0	4. 4	493. 5	11. 4	4. 5
佛山	624. 7	-4. 9	6. 5	642. 6	3. 3	6. 4	697. 7	8. 6	6. 4
惠州	461. 4	-15. 1	4. 8	504. 2	9. 3	5. 0	505. 6	0. 3	4. 7
东莞	1731. 3	3. 3	18. 1	1811. 7	5. 0	18. 0	2033. 5	12. 3	18. 7
中山	338. 5	-4. 9	3. 5	380. 5	12. 4	3. 8	355. 1	-6. 7	3. 3
江门	190. 9	-2. 3	2. 0	204. 4	7. 1	2. 0	223. 2	9. 2	2. 1

资料来源：根据商务部门公布数据整理。

二　区域结构

广州的贸易伙伴、引资来源地和“走出去”区域主要集中在东亚和东南亚区域，与欧美发达国家在经贸、科技、文教、基础设施等领域的合作空间还很大。2018 年，广州对亚洲各国（地区）进出口合计 5234. 0 亿元人民币，占全市进出口总额 53. 4%，全市前十大贸易伙伴中，有 5 个位于亚洲（东盟、日本、中国香港、中国台湾、韩国）。2018 年，前五大实际使用外资来源地中有 4 个位于亚洲（中国香港、日本、韩国、新加坡），仅来源于中国香港的就占全市实际使用外资的六成以上。2018 年，广州对外投资企业共 165 个，其中对亚洲国家（地区）投资 113 个，占比超过 2/3。

三 载体建设

随着国务院不断出台促进利用外资的政策文件，着力推动改善营商环境，各地各类园区竞争日益激烈。从经开区看，经过多年发展，部分经开区存在可供开发的土地资源不足，熟地尤为紧缺等问题，出现了新引进项目需等待用地，项目流失风险高等情况，且部分发展势头好的企业出现了将新增产能转移到开发区外的现象；产城融合发展带来环保压力，企业用于环保整改的投入增大，部分无法承担整改费用的企业只能采取减产、停产甚至关停、搬迁的办法。从海关特殊监管区域看，存在注重立项申请，忽视建设管理的问题；在产业规划方面，由于对特殊区域管理政策和发展规律缺乏研究，未能科学主导产业规划、招商引资、提高区内区外统筹发展，整体运营效益不高。从南沙自贸片区来看，在开放政策、税收政策方面与同深圳前海、珠海横琴有较大差距，南沙与广州中心城区、大湾区以及泛珠三角地区的快捷连接交通格局尚未构建起来，作为大湾区交通枢纽的地位尚未形成；科技创新要素集聚不足，区内科研机构的科技创新能力较弱，科技项目孵化和研发能力待提升。

四 竞争主体

培养本土跨国公司，发展总部经济具有明显的税收创造、产业联动、消费促进、高端资源聚集等外溢效应，是提升开放型经济水平的必由之路。由于北京、上海在政治资源倾斜、经济辐射带动、高端人才供给等诸多方面拥有优势，除个别快速消费品行业外企扎根广州外，绝大部分跨国企业把中国总部设在上述直辖市。过去几年，大型央企接连南下，在广州设立功能性或者区域性总部，包括中交、中铁、中铁建等功能型总部的落户，但广州的总部企业数量体量与京沪差距悬殊，也落后于深圳（见表3－8）。从500强企业看，广州仍缺乏具有全球、全国竞争力的龙头企业。2019年，中国共有129家企业入选《财富》世界500强，其中广州拥有3家，低于北京（56家）、香港（7家）、上海（7家）、深圳（7家）、杭州（4家）；中国企业联合会、中国企业家协会联合发布的2019中国企业500强榜单中，广州有24家，低于北京（100家）、上海（31家）、深圳（26家）；全国工商联发布的2019中国民营企业500强榜单中，杭州有36家入围，深圳市也有28家上榜，广州只有14家企业上榜。

表3－8　广州与京、沪、深、杭拥有500强企业比较（2019年）

总部所在地	《财富》全球500强	中国企业500强	中国民营企业500强
北京	56	100	17
上海	7	31	15
广州	3	24	14
深圳	7	26	28
杭州	4	22	36

外贸、外资百强企业偏少，成为制约广州提高开放型经济竞争力的重要因素。根据中国对外经济贸易统计学会发布的2018年中国对外贸易500强名单，广州共有20家企业上榜，但排名前100位的只有乐金显示和捷普电子这两家外资企业（见表3－9）；深圳有40家企业上榜，其中深圳富士康（广东第1，全国第4位）、深

圳华为（广东第3，全国第8位）等7家企业名列百强；除广深之外，广东其他地市还有45家企业进入榜单，华为终端、惠州三星电子、美的、纬创资通（中山）、伟创力制造（珠海）、东莞OPPO电子、东莞三星视界、珠海小米通讯8家企业进入百强。2019年广东外商直接投资企业百强名单中，广州企业占30家，数量少于深圳的35家（见表3-10）。

表3-9　2018年中国对外贸易500强广州企业名单

排名	企业名称
55	乐金显示（广州）有限公司
64	捷普电子（广州）有限公司
162	中国南方航空进出口贸易公司
210	广汽丰田汽车有限公司
215	广州方盈珠宝首饰有限公司
226	广州市启艺金银珠宝有限公司
267	广东中石油国际事业有限公司
369	广州市番华金银珠宝有限公司
385	广船国际有限公司
388	广东省广新控股集团有限公司
394	光宝电子（广州）有限公司
395	广东省丝绸纺织集团有限公司
398	乐金显示（中国）有限公司
411	华南蓝天航空油料有限公司
426	欧菲影像技术（广州）有限公司
449	捷普精密工业（广州）有限公司
459	乐金显示光电科技（中国）有限公司
476	喜星电子（广州）有限公司
481	广州市福钻珠宝有限公司
498	互太（番禺）纺织印染有限公司

资料来源：根据中国对外经济贸易统计学会2019年发布的“2018中国对外贸易500强企业综合排名”整理。

表 3-10　2019 年广东外商直接投资企业百强广州企业名单

序号	企业名称	备注
1	广汽本田汽车有限公司	营收“十强”，纳税“十强”
2	广汽丰田汽车有限公司	营收“十强”，纳税“十强”
5	安利（中国）日用品有限公司	纳税“十强”
8	广州风神汽车有限公司	纳税“十强”
9	广州宝洁有限公司	纳税“十强”
14	分众传媒信息技术股份有限公司	纳税“十强”，“十佳”科技型企业
15	乐金显示（广州）有限公司	营收“十强”
17	华南蓝天航空油料有限公司	营收“十强”
20	捷普电子（广州）有限公司	
25	玛氏箭牌糖果（中国）有限公司	
26	广州博冠信息科技有限公司	“十佳”科技型企业
28	健合（中国）有限公司	
29	美赞臣营养品（中国）有限公司	
30	日立电梯（中国）有限公司	
34	加特可（广州）自动变速箱有限公司	“十佳”科技型企业
51	广东珠江电力燃料有限公司	
52	周生生（中国）商业有限公司	
56	鞍钢联众（广州）不锈钢有限公司	
61	广州承兴营销管理有限公司	
68	优视科技（中国）有限公司	“十佳”科技型企业
69	光宝电子（广州）有限公司	
71	广州视源电子科技股份有限公司	“十佳”科技型企业
72	益海（广州）粮油工业有限公司	
74	广州市喜燃能源有限公司	
81	本田贸易（中国）有限公司	
85	广州 JFE 钢板有限公司	
89	广州华凌制冷设备有限公司	
94	台一江铜（广州）有限公司	
98	广州市臻堃贸易有限公司	
100	喜星电子（广州）有限公司	

资料来源：根据广东外商投资企业协会 2020 年发布的“2019 年广东外商投资‘百强’企业”整理。

第三节 发展思路

党的十九大报告就“一带一路”建设、贸易强国建设、改善外商投资环境、优化区域开放布局、创新对外投资合作方式、推动贸易和投资自由化便利化等方面对“推动形成全面开放新格局”进行部署，进一步明确了今后广州对外开放的方向。一是要坚持系统开放。全面推进“一带一路”建设，坚持陆海统筹、内外统筹，加强政企统筹，实施引进来和走出去并重，更好统筹国际国内两个市场、两种资源、两类规则。二是要坚持高水平开放。实行与国际高标准衔接的贸易和投资自由化便利化政策，全面实施准入前国民待遇加负面清单管理制度。以实施《优化营商环境条例》为契机，在市场准入、竞争中立、公平监管、市场主体退出制度等方面进一步突破瓶颈、改革创新，全面履行向市场主体依法做出的政策承诺以及依法订立的各类合同，以企业和群众的获得感为评价标尺，加快打造市场化法治化国际化营商环境，保护外商投资合法权益。三是要坚持创新开放。加强创新能力开放合作，培育以新技术、新业态、新模式为特征的外贸发展新动能，加快形成以技术、标准、品牌、质量、服务为核心的外贸竞争新优势；创新对外投资方式，由单一的绿地投资向跨国并购、参股、境外上市等多种方式扩展，培育国际经济合作和竞争新优势。在贸易便利化、投资保障、服务贸易、数字经济、知识产权保护、环境劳工标准等领域率先寻求突破。四是要坚持主动开放。开放带来进步，封闭必然落后。中国改革开放历程表明，只有主动才能率先发展，只有主动才能跨越“中等收入陷阱”，才能做大做强。广州要在全面深化改革、构建开放型经济新体制方面先行一步，在推动“一带一路”倡议、自贸区建设、粤港澳大湾区等国家战略上先行一步，以及结合广州实际在加快探索自由贸易港建设等新任务上先行一步。五是要坚持协调开放。一方面要优化区域开放布局，加大西部开放力度，加强沿海内陆沿边分工协作、东西双向互济，改变我国对外开放东快西慢、沿海强内陆弱的区域开放格局；另一方面要维护和加强多边贸易体制，推进自贸区建设，既重视与欧美发达国家的合作，也重视与新兴市场的合作。六是要坚持包容性开放。要以政策沟通、设施联通、贸易畅通、资金融通、民心相通为抓手，广泛凝聚合作共识、全面提升对外开放水平。

一　打造吸收外资强磁场

贯彻国家产业开放政策，落实服务业、制造业、采矿业等开放措施，研究吸收外资优惠政策，稳定外商投资规模和速度。积极创新招商引资方式，借助达沃斯论坛、财富全球论坛等国内外高端平台进一步拓展招商“朋友圈”，继续办好广州国际投资年会、广州之夜等品牌招商活动，瞄准世界500强、中国500强、央企、重点民企等开展有针对性的招商。利用在穗企业和领馆、商协会资源，挖掘招商线索，推动“以商引商”。加强对招商项目的跟踪，推动一批重点在谈项目尽快落户落地、投产达产。以加强与欧美发达国家直接合作为重点，开展重点产业定向招商，有针对性地对世界500强企业、境外大型企业和行业龙头企业开展定点招商，引进若干高端项目。推动引资、引智、引技相结合，促进项目引进向“项目（技术）+人才+团队”模式转变，利用外资从被动承接为主向按需主动招商，以资金为主向以引进先进技术、管理经验和高素质人才为主转变。

二 培育外贸发展新动能

开展市场采购试点，创新和完善试点的硬件平台和管理措施。建设跨境电商综试区，加大扶持力度，完善公共服务平台建设，培育一批跨境电商龙头企业。继续培育汽车平行进口、钻石贸易、保税物流等外贸新增长点，发展外贸综合服务企业，推动建立适合综合服务企业代办业务特点的监管与信用评估、风险预警、纠错和处罚机制，支持外贸综合服务企业建设线上服务平台并与监管部门对接。稳步推进加工贸易转型升级，落实服贸创新试点税收优惠政策，推动运输、旅游、金融、文化等重点服务贸易领域加快发展。强化投资和贸易联动，带动装备制造和大型成套设备出口，实现出口由消费品为主向消费品和资本品并重转变。

三 全面参与“一带一路”建设

把“一带一路”重大战略构想落到实处，推动广州与东盟、南亚、中东欧、非洲、拉美等地区的经贸往来，打造东北亚、环太平洋、印度洋经济合作圈，在全球形成“陆海统筹、远近兼顾”的全方位开放新格局。以广东省与黑龙江省对口合作为契机，加强与俄罗斯等丝绸之路经济带上重点国家的交流合作，加快发展“中欧班列”“中亚班列”；积极参加中国—东盟自由贸易区、孟中印缅经济走廊等建设。加快境外港口园区建设，加密国际航班航线，加快构建“一带一路”基础设施互联互通大通道。支持有实力的广州企业参与“一带一路”建设，落实既有意向项目，延伸经贸合作领域，推动更多广州企业落户“一带一路”沿线国家。开拓发达国家市场，增强我市企业获取境外知名品牌、先进技术、营销渠道的能力。加强对企业“走出去”的服务，帮助企业降低风险和成本。

四　形成新型制度竞争优势

构建开放型经济新体制不仅仅是涉外经济部门的事务，更重要的是打造有竞争力的国内制度软环境。加快与国际通行规则相衔接，创新外商投资管理体制，建立促进“走出去”战略新体制，通过贸易投资体制创新，破除贸易投资壁垒，实现资源高效率配置。逐步完善区域创新体系、安全保障体系、开放安全的金融体系、知识产权保护体系和开放型创新型高端人才体系。同时，平衡市场化运作与政府管理调控的关系，让市场真正在资源配置中发挥决定性作用。一方面，政府建设服务型政府，实施积极的财税和产业政策引导激励企业转型发展、创新发展，并通过事中事后监管规范市场竞争秩序。另一方面，政府加强公共产品供给，补齐民生短板，保障社会公义和优化生产生活环境。

第四章　广州建设自由贸易港的现实基础

第一节　主要优势

一　综合型门户城市

近年来，广州扎实推进国家中心城市和国际商贸中心建设，一以贯之着力优化枢纽型网络城市格局。广州市委十一届四次全会部署高水平建设国际航运、航空、科技创新枢纽。市委十一届五次全会要求强化国际航运、航空和科技创新枢纽能级，首次提出提升国际综合交通枢纽和信息枢纽功能。市委十一届八次全会继续聚焦提升国际综合交通枢纽功能，增强国际航运枢纽功能，提升国际航空枢纽能级，建设国际信息枢纽。①

（一）航运枢纽

2019 年 3 月发布的《广东省推进运输结构调整实施方案》将

---

① 陈思勤：《坚定不移高质量推进粤港澳大湾区建设》，《南方日报》2019 年 8 月 10 日第 5 版。

广州港定位为内外贸集装箱干线港、煤炭和散粮中转港、商品汽车滚装运输枢纽港。根据2019新华·波罗的海国际航运中心发展指数报告，广州与上海、迪拜、宁波—舟山同列于创新引领型航运中心，世界排名从2017年第23位、2018年第18位升至2019年第16位（见表4－1）。《建设广州国际航运中心三年行动计划（2018—2020年）》提出，到2020年，港口货物吞吐量达到6.5亿吨，集装箱吞吐量力争达到2500万标箱，全市港航相关产业企业注册数超过6万家。2018年，广州港完成货物吞吐量6.13亿吨，同比增长3.9%，完成集装箱吞吐量2192万标箱，增长7.6%，双双居中国港口（含内河港）第四位、全球港口第五位；内贸集装箱量和粮食接卸量全国第一；完成商品汽车装卸量132万辆，居国内第三位。广州港南沙港区四期工程将建设华南地区首个全自动化无人集装箱码头，集全球新一代集物联网感知、大数据、云计算等先进技术为一体，打造全球首例“单小车自动化岸桥、北斗导航无人驾驶智能集卡、堆场水平布置、港区自动化”模式。

表4－1　　历年新华·波罗的海国际航运中心发展指数排名

港口	2019年	2018年	2017年	2016年	2015年	2014年
新加坡	1	1	1	1	1	1
香港	2	2	3	3	3	3
伦敦	3	3	2	2	2	2
上海	4	4	5	6	6	7
迪拜	5	5	6	8	7	6
鹿特丹	6	6	8	5	4	4
汉堡	7	7	4	4	5	5
釜山	12	10	14	12	9	10
宁波—舟山	13	14	18	19	23	20

续表

港口	2019 年	2018 年	2017 年	2016 年	2015 年	2014 年
广州	16	18	23	26	28	26
青岛	17	19	19	22	19	23
深圳	22	22	27	28	31	21
天津	24	29	24	23	24	17

资料来源：根据历年《新华·波罗的海国际航运中心发展指数》整理。

截至 2018 年年底，广州港开通 209 条集装箱航线，包括 103 条外贸（2018 年新增 12 条）、106 条内贸航线，重点开辟东南亚、中东、非洲、澳新航线，成为非洲、地中海航线核心枢纽港及国内最大的内贸主枢纽港；完成外贸集装箱吞吐量 794 万标箱，增长 4.9%；160 多条水上驳船航线覆盖珠江—西江流域；集聚航运物流企业 6723 家；友好港数量达到 45 个。港口业务模式覆盖保税仓储、跨境电商、转口贸易、国际中转、国际采购分销配送、国货出口复进口、港口作业、生产加工等，还开展毛坯和成品钻石的保税展示、交易和转加工贸易等。已开通了直达海南、粤东粤西、广西北部湾和珠江水系贵港、梧州、肇庆、云浮、佛山等珠江—西江全部中小内河港口的集装箱泊船运输网络航线 63 条，在泛珠三角地区的云南、贵州、广西、湖南、江西、安徽以及广东省内陆地区主要城市均设立了内陆无水港网络，内陆无水港达到 30 个。

（二）航空枢纽

随着白云机场 2 号航站楼正式投入使用，2018 年广州白云国际机场实现旅客吞吐量 6972.0 万人次（见表 4－2），同比增长 5.9%，位居中国机场（含港澳台）第四位、全球第十三位，其中国际旅客吞吐量 1730 万人次，增长 8.8%，占总旅客的近 1/4；机场不断优化货站空间布局，推动实现珠三角地区货物通关“一体化”和24小时通关，实现“客货齐飞”。2018年，货邮吞吐量达189.1万吨，增长6.2%，位居中国机场（含港澳台）第四位、全球第十七位。截至2019年6月，航线网络已覆盖全球228个通航点，国际及地区通航点92个。南方航空的“广州之路”建设及“外国人144小时过境免签”政策大幅提升白云机场的中转比例，奠定其面向澳新的门户枢纽地位。《推进广州国际航空枢纽和临空经济示范区建设三年行动计划（2017—2019年）》提出，到2019年白云国际机场将达到以下目标：7200万人次旅客吞吐量，230万吨货邮吞吐量，24%的国际旅客比例和18%的中转旅客比例。

表4-2　2018年中国民航机场吞吐量排名（不含港澳台）

机场	旅客吞吐量（万人次）			货邮吞吐量（万吨）		
	名次	本期完成	同比增长（%）	名次	本期完成	同比增长（%）
北京/首都	1	10098.3	5.4	2	207.4	2.2
上海/浦东	2	7400.6	5.7	1	376.9	-1.5
广州/白云	3	6972.0	5.9	3	189.1	6.2
成都/双流	4	5295.1	6.3	5	66.5	3.5
深圳/宝安	5	4934.9	8.2	4	121.9	5.1
昆明/长水	6	4708.8	5.3	8	42.8	2.5
西安/咸阳	7	4465.3	6.7	13	31.3	20.3
上海/虹桥	8	4362.8	4.2	9	40.7	-0.1
重庆/江北	9	4159.6	7.4	10	38.2	4.3
杭州/萧山	10	3824.2	7.5	6	58.9	8.7
全国合计		126468.9	10.2		1674.0	3.5

资料来源：根据中国民用航空局发布的“2018年民航机场生产统计公报”数据整理。

（三）铁路枢纽

广州是中国四大铁路枢纽之一，中国铁路总公司、广东省人民政府关于广州铁路枢纽规划（2016—2030 年）的批复，将广州定位为全国重要的、华南地区最大的铁路枢纽。2018 年，广州完成铁路客运量 13355 万人次，增长 14.0%，其中南站发送 8285 万人次，增长 20.9%，占比超 60%；完成铁路货物运输总量 1989.37 万吨，增长 9.2%。2017 年 11 月开工建设的大田铁路集装箱中心站，建成后将成为广铁枢纽最大的货运场站，预计 2020 年发送量 580 万吨，2025 年 1870 万吨，2035 年 2590 万吨。作为中国三大通信枢纽、互联网交换中心和互联网三大国际出口之一，广州是中国内地最大的互联网出口。

二 依托自贸试验区

早在 1993 年，南沙获批设立国家级经济技术开发区，就成为对外开放的高地，制度创新的重要载体。广东自贸试验区南沙片区自 2015 年 4 月 21 日挂牌运作以来，聚焦制度创新，对接国际高标准投资贸易规则体系，着力打造国际化市场化法治化营商环境，为广州申建自由贸易港作了制度探索、人才储备，培育了发展新动能。截至 2019 年 9 月，片区累计形成 457 项制度创新成果，“跨境电商监管模式”“企业专属网页”“智能化地方金融风险监测防控平台”等入选商务部最佳实践案例，有 42 项在全国复制推广。在南沙率先实施对查验无问题企业免除吊装移位仓储费用的做法推广到全省。①

① 李凤祥、昌道励：《粤自贸试验区晒出 4 年来“成绩单”》，《南方日报》2019 年 4 月 18 日第 10 版。

投资便利化方面，出台金融业、专业服务业、航运物流业、医疗教育行业对外开放清单指引（2019 年版）；内外资投资项目、投资企业备案事项实现全流程网上办理；推行企业准营办证“一口受理 6 + X”模式，实现 50 证联办（包括 18 个许可事项及 32 个备案事项），准营事项三天办结，开办企业环节效率达到国际先进水平；对境外投资实行以备案为主的管理方式，不断完善对外投资管理、服务和促进体系。

贸易便利化方面，根据中山大学发布的“中国自由贸易试验区制度创新指数”，南沙片区在贸易便利化指标上连续三年排名全国第一。按照“简政集约、通关便利”的要求，上线运行国际贸易“单一窗口”2.0 版，货物、运输工具和舱单申报使用率均达 100%；率先推行“线上海关”2.0 版，实现对 324 项海关政务服务事项“线上办理”，涵盖货物通关、物品通关、邮件通关、加贸保税四大领域，贯通备案、申报、通关、查验、征税、放行等环节，所有 28 项海关政务服务事项均实现“一网通办”；率先建成全球进出口商品质量溯源体系，覆盖全部商品品类，囊括一般贸易、市场采购出口和跨境电商等各种贸易方式，APMEN（亚太示范电子口岸网络）将其作为第二批项目，在 APEC（亚太经济合作组织）成员国复制推广。外贸新业态方面，大力发展跨境电商、离岸贸易、国际中转、全球分拨等贸易新业态，创设“全球报关服务系统”“国际分拨中心”，推动南沙跨境电商业务在全国保持领跑地位。2018 年南沙跨境电商实现网购保税进口 98.7 亿元，增长 37.6%，货值约占全国的 1/5，天猫、京东、网易考拉、唯品会等中国市场领先的电商平台均在南沙保税港区设立物流配送基地；汽车平行进口试点企业达到 16 家，平行进口汽车 1.4 万台，成为全国平行进口汽车第二大口岸，形成涵盖贸易、销售、金融保险、代理、报关、合规整改、PDI 检测等较为完善的平行进口汽车产业链条。

特色金融方面，融资租赁、航运金融、供应链金融、股权投资、跨境金融等特色金融发展迅速，截至 2019 年 9 月底，集聚金融及类金融机构 6497 家，持牌法人金融机构 11 家，占广州市 1/5。[①] 各金融机构依托自贸区及自身优势建立多样化金融服务平台，如工商银行南沙分行建立“跨境业务平台”，中国银行成立“南沙全球金融服务基地”，平安银行在南沙设立南方跨境结算中心，满足大湾区日益增长的跨境交易和融资需求。率先建成地方金融风险监测防控系统——“金鹰系统”，率先开展资本项目收入支付便利化试点，发行华南地区首单绿色债券，全国首创美元结算的跨境船舶租赁资产交易，完成广东自贸区首单跨境保税转租赁飞机项目，创新“南沙自贸区 + 香港”双 SPV 跨境保税转租赁模式[②]，粤港合作完成第一单飞机租赁业务。开展全口径跨境融资宏观审慎管理、资本项目收入支付审核便利化、跨国公司外汇资金集中运营管理改革、合格境内投资者（QDIE）等业务试点，企业在自贸区融资更加便利、渠道更宽、成本更低，有力地支持实体经济发展。

与港澳合作方面，早在 2010 年，广东省政府批准设立“广州南沙实施 CEPA 先行先试综合示范区”，南沙先后出台对港澳籍人才专项扶持奖励政策，建成粤港澳青年创新工场、“创汇谷”粤港澳青年文创社区；香港科技大学分校落户南沙，开通粤港跨境货

① 《南沙成大湾区最大飞机船舶租赁集聚区　融资租赁企业累计业务合同余额超 3200 亿》，新浪网，http：//finance. sina. com. cn/roll/2019 - 10 - 31/doc - iicezzrr6165112. shtml，2019 年 11 月 5 日。

② 柳时强：《新型研发机构落户最高可获亿元资助》，《南方日报》2019 年 10 月 18 日第 4 版。

栈、粤澳跨境电商直通车，实现香港口岸与南沙保税港区一站式对接，将香港进出口货物的收发点延伸至南沙，物流时间压缩 1/2 以上，完成粤港澳游艇“自由行”首航；粤港深度合作园南沙枢纽片区（含粤澳合作葡语系国家产业园）、粤港澳人才合作示范区等项目加快建设，为港澳拓展发展空间，推动三地科技和产业深度合作、融合发展。

三　地理位置优越

区位优势使得广州成为华南最重要的商贸物流中心，千年古港与千年商都相映生辉。从航空联络看，广州处在亚欧海运主航道附近，有利于开展国际贸易和中转；广州面向亚非具有明显的区位优势，与东北亚、东南亚、南亚各主要城市形成“4 小时航空圈”，12 小时通达全球主要城市。从水运网络看，广州拥有复杂的水系与独特河口系统，有内河航道 287 条（广州港区航道除外），地处位于西江、东江和北江的下游，是珠江的出海口，既有内河港也有海港，通达珠三角、粤东西北和西江经济带；广州港深水航道拓宽工程（一期）已顺利建成投入使用，广州港出海航道外段 50 千米可满足 10 万吨级集装箱船与 15 万吨级集装箱船（减载）双向通航；截至 2018 年年底，广州港拥有各类码头泊位 807 个（其中万吨级以上泊位 76 个）。从铁路网络看，京广、京九、广茂、广梅汕等普速铁路，广深港、广珠城际、广深城际、广湛、京广、南广、贵广等高速铁路在广州交会。

四　经济腹地广阔

广州正打造粤港澳大湾区的核心增长极，“一小时生活圈”覆盖珠三角，辐射带动粤东西北地区，并成为带动泛珠地区经济发展的重要引擎。广东省 2018 年地区生产总值 9.73 万亿元，占全国的 1/10 强，连续 30 年全国第一。2018 年粤港澳湾区九市的 GDP 合计近 11 万亿元人民币，相当于世界第 11 大经济体韩国，湾区内集中了 20 家《财富》世界 500 强企业（包括广东 13 家、香港 7 家），仅次于东京湾区的 39 家、纽约湾区的 22 家。广州还处在覆盖超过 5000 万人口的珠江—西江经济带的龙头位置，是西南地区重要出海通道和对东盟开放合作的重要窗口，集散疏运的大宗货物包括煤炭、石油、钢铁、水泥、木材、化肥、农药、粮食等。泛珠三角地区拥有全国约 1/5 的国土面积、1/3 的人口和 1/3 以上的经济总量，广州积极对接“泛珠三角”及“一带一路”倡议，服务泛珠三角物流、人流、资金流的畅通，有效扩大粤港澳大湾区的辐射带动效应，也为广州产业转型升级构建了广阔发展腹地。

第二节　自身短板

一　国际流量不足

21 世纪以来，广州港在拓展国际航运网络上逐步发力，国际航线快速增长，但目前仍以中东、非洲等“一带一路”上新兴航线为主要增长点，相比香港、深圳港，直达欧美的航线比较少。广州是我国内贸主枢纽港，是油品、粮食、煤炭的重要集散地，外贸占比还不高；而深圳港以外贸见长，外贸集装箱吞吐量占总吞吐量95%以上。以南沙港区为例，2018年完成集装箱吞吐量1566.1万标箱，其中内贸集装箱完成1378.6万标箱，同比增长8.7%，高于外贸集装箱吞吐量4.7%的增速。广州白云国际机场货邮吞吐量从2010年的114万吨增长至2018年的189万吨，年均增长8%，联邦快递亚太转运中心带来的增量不及预期。根据国际机场协会（ACI）数据，白云机场货邮吞吐量稳居内地第三位、全球二十强，但只计算国际货邮吞吐量，香港国际机场、上海浦东国际机场、首尔仁川国际机场、迪拜国际机场、台北桃园国际机场分列第一至第五位，内地很多货物仍通过香港机场中转，白云机场只排在第十七位，国际货邮吞吐量与7000万人的年客运量不相匹配。

二　高端服务不足

广州加快推进航空、航运和信息枢纽建设，各项基础设施基本已达到国际一流水平，但相关航运服务还处在导入和发展期，航运指数、船舶交易、航运结算平台上线运行，发布“珠江航运指数”，初步形成交易平台、产业基金和航运保险“三位一体”的航运金融服务体系（陶珺、任春杨，2018），但与新加坡港、香港、伦敦等国际航运中心的差距还比较大。《建设广州国际航运中心三年行动计划（2018—2020年）》也指出，广州港口航运服务业发展仍不平衡且缺少高端服务环节，还不能满足航运国际化高端化发展的需要，与粤港澳大湾区现代航运服务融合发展有待加强。例如，广州尚未形成对航运金融的专业认知、理念和环境，除国有大型企业可较容易得到银行融资外，大部分民营船东虽然货源、客户都在广州，但都选择到香港进行注册及融资，以得到成本较低、条件便利、产品更为丰富、专业的金融服务。根据新华—波罗的海国际航运中心发展指数报告，2018 年全球综合实力排名前十位国际航运中心分别为新加坡、香港、伦敦、上海、迪拜、鹿特丹、汉堡、纽约—新泽西、休斯顿、雅典，广州位居第 16 位；在体现硬实力的港口设施排名中广州位列十强，而在体现软实力的航运服务排名中，伦敦、新加坡和上海位列三甲，广州未进入前十位。

三 工作机制不足

从先期国内自贸试验区管理机构的设立和运作来看，很多管委会与政府机构分开运作，导致自身没有行政权力只有协调功能，但又肩负繁重的改革创新任务，往往在推进工作中力不从心。特别是多数自贸试验区涵盖了原有国家级经济技术开发区和高新技术开发区，往往存在机构人员叠加的问题，容易按照原有开发区的管理思路推动自贸试验区建设，所谓“新瓶装旧酒”。考虑到建设自由贸易港要以高标准高水平建设南沙自贸区为基础，现有南沙自贸区开发建设的管理机制必定会对随后的自由贸易港建设产生影响。首先，广州尚缺少市一级推进自贸区工作的机制安排，无论南沙区还是市商务主管部门推进自由贸易港相关工作都存在不顺畅的环节。反观上海自贸区，在 2015 年扩展到陆家嘴金融片区、金桥开发片区和张江高科技片区三个新片区后，建立了新的管理体制框架，成立市一级自贸试验区推进工作领导小组，市主要领导任组长，领导小组所有成员单位都参与上海自由贸易港方案的研究制定；领导小组办公室设在市发改委，市发改委、商务委的相关负责人担任办公室主任、副主任；浦东新区层面，自贸区管委会与浦东新区人民政府合署办公，并专设三个职能局。其次，自贸试验区南沙片区与前海蛇口片区、横琴片区比较，后二者的管委会专注于片区开发和经济管理职能，自贸片区与原有园区实施范围高度重合，而南沙片区管委会依托于区一级政府，与政府部门多有交叉、互为支撑，且各区块分散，在决策流程和工作落实上有区别。最后，南沙创新工作局（原自贸办）在 2019 年 3 月挂牌，其作为管委会的内设办事机构，在人员配备和职能设置上比较精简，统筹协调南沙区内及广州市层面工作力度不足，研究自贸区制度创新的力量不够。

四　政策保障不足

与国际上先立法再设区的通行做法不同，我国自贸试验区采取由地方申请经国务院批准设立并印发建设总体方案的模式，具有行政高效、快速落地的优势，但在实际推进中也难免受掣肘。由于缺乏上位法，自贸试验区如何设立、运行、变更、撤销并不明确，导致政出多门、权责不明；同时，在制度创新时涉及大量国家事权，各地所制定的自贸试验区条例法律位阶不够，难以规范，向部委逐一沟通、达成共识的成本很高，总体方案里明确的事项缺少实施细则，增加了政策推出的不确定性，导致有些地方避实就虚，推行一些短平快的“创新”，创新政策碎片化。我国现行的关于对外贸易、投资和口岸通关管理的相关法规体系，基本是在改革开放之初和加入世界贸易组织背景下建立完善起来的，对于推进自贸试验区乃至自由贸易港建设，助推形成全面开放新格局的新时代要求而言，现有的部分法律、法规和规章已滞后，未能为大量制度创新提供足够的、行之有效的政策指导和法律保障。实际上，全国十多个自贸试验区在设区初期的制度创新取得明显进展之后，随后都不同程度地遭遇到“立法不足”“授权不足”等瓶颈。自南沙自贸片区挂牌以来，在打造制度创新高地方面成效显著。但在国内现有竞争格局下，“政策洼地”往往比制度创新高地对企业更有吸引力，广东自贸试验区南沙片区2018年实际利用外资额低于前海蛇口和横琴片区，外贸进出口额也远低于前海蛇口片区（见表4－3，表4－4）。南沙一直致力于打造制度创新高地，也做了很多创新，有些措施效果也非常好，比如全球质量溯源体系，但是由于涉及的政府各条线太多，还是按照原有管理惯性、现有法规来操作，实际运作下来企业能切身体会到的落地政策还不多。同现有其他自贸区相比，上海建设自由贸易港拥有自由贸易账户优势，而前海建设自由贸易港的优势是税收优惠政策。从上海临港新片区和海南自贸港建设初步方案看，它将借鉴新加坡港、迪拜等做法，围绕货物、资金和人员三大要素的自由流动进行政策突破，进一步打造“政策洼地”。

表4－3　　2018年广东自贸试验区利用外资情况

片区	新设外商投资企业数量	同比（%）	合同外资（亿美元）	同比（%）	实际外资（亿美元）	同比（%）
广东自贸试验区	6246	53.1	450.5	10.8	57.15	－4.7
南沙片区	1342	330.1	266.47	438.8	7.34	－16.4
前海蛇口片区	4103	43.0	157.26	－42.1	39.24	－11.8
横琴片区	801	－11	26.77	－68.7	10.57	57.3

资料来源：《广东商务概要2019》。

表 4－4 2018 年广东自贸试验区进出口情况

片区	进出口		出口		进口	
	金额（亿元）	同比（%）	金额（亿元）	同比（%）	金额（亿元）	同比（%）
广东自贸试验区	9027	11.1	6698	3.2	2329	42.6
南沙片区	2134	－13.4	1056	－31.9	1079	18.1
前海蛇口片区	6763	22.1	5532	14.4	1232	75.6
横琴片区	129.3	3.9	110.9	5.1	18.5	－2.8

资料来源：《广东商务概要 2019》。

第三节 重要机遇

一 国家战略指引

党的十九大开启中国经济高质量发展新时代，未来中国经济围绕推动“三大变革”和建设“科技强国、质量强国、网络强国、数字中国、智慧中国”，将更加注重高质量发展，更加突出实体经济导向，更加凸显创新战略核心地位，突出运用智能制造、大数据、生产性服务、产融结合四大要素，着力构建“四位一体”协同发展产业体系，培育壮大“四新”经济，加快经济新旧动能转换，促进我国产业迈向全球价值链中高端。在经济模式上，“熊彼特创新型经济”将逐步取代“科兹纳套利型经济”。中国与世界的联系越发紧密，对外开放的大门进一步敞开，“一带一路”“粤港澳大湾区”等建设深入实施，服务业开放将实现重大突破，服务贸易更快发展，“走出去”力度空前加大，全球贸易、投融资、生产、服务网络趋于完善，中国日益成为新一轮全球化的引领者。

广州要在充分重视市场规律的基础上，创新发展模式，避免单纯偏重金融、类金融类服务业功能的局限性，拓宽全球生产网络，植入研发创新、文化创意等新因素，提升文化软实力。着眼服务大国经济发展，比较均衡地发展高端服务业与先进制造业，既承担经济活动节点功能，又是创新的卓越中心所在，提升广州在全球价值链的地位，推动产业分工从价值链中低端向价值链中高端转变。顺应服务全球化、融合化发展趋势，抢占全球价值链、产业链、供应链高地，大力发展支撑资源品牌增值、资源市场交易、资源配置管理等高端专业服务业，强化研发、营销、设计、融资、技术、管理、结算等最高端、最具控制影响力的生产性服务环节，加强对软件、数据库、工业设计、品牌、网络、管理技能、组织结构等领域的提质增效，从末端推动资源价值提升和转化，实现资源最终优化配置。

二　科技革命推动

全球新一轮科技革命加速演进，以智能、绿色、泛在为特征的群体性技术革命将引发国际产业分工重大调整，颠覆性技术不断涌现，引致全球创新版图加速重构。伴随着经济全球化和世界新一轮科技革命的不断演进突破，信息技术应用与数字经济高速发展，大大降低了全球城市资源配置的成本，为战略性高端资源的自由流动提供了便利条件。随着全球创新网络深化和技术标准的逐步统一，研发活动被全球化布局，形成了欧美亚多中心、多节点的全球科技创新中心格局。世界新一轮科技革命逐步进入群体迸发、多点突破阶段，未来经济发展的技术延展性不断增强，商业、产业、企业活动的边界不断拓展，全球科技创新应用与新商业模式的不断突破，新技术催生了新的商业模式并促进了现有经营模式的改变，极大地改变了传统产业的发展路径。

三　消费升级加速

世界经济大国莫不是主要依靠内需驱动经济发展。作为三驾马车之一，消费变革不仅是经济增长的“稳定器”和“压能石”，更是推动经济实现高质量发展的“发动机”和“助推器”。[①] 随着居民收入持续提高、互联网日益普及以及生活方式、消费观念的转变，未来消费将呈现新的趋势与特点，在消费结构上，新能源汽车、精准医疗、智能家居、个性时尚、邮轮经济等新兴消费则日益成为新的增长点，在消费模式上，从众型、排浪式消费模式加速退潮，消费趋向个性化、便利化、多元集成化、绿色化特征，并在青年消费群体中表现尤为突出。移动互联网让很多原有的线性结构都走到了临界点，表现为去中心化。未来，要加快升级传统消费、培育新兴消费，形成消费新热点，推动传统零售业向体验化、智能化、服务化和社群化转型，推进实施信息科技、文化旅游、康养等领域消费工程。

① 王青：《消费变革促进我国经济高质量发展》，《中国经济时报》2019 年 5 月 22 日第 5 版。

第四节　全新挑战

一　中美关系波动

贸易摩擦贯穿于中美贸易关系发展全过程，特别是此轮美国对华301调查引发的贸易摩擦将具有一定的长期性和复杂性（见表4－5）。它本质上已不是关于公平贸易的市场竞争，美国通过“双反”调查、337、301和232调查等手段，打击中国科技创新进而遏制中国整体发展的路径日渐清晰，这也是此轮和后续贸易摩擦最大风险之处。中美贸易摩擦短期内因为双方加征关税增加了贸易成本，更严重的是影响了跨国企业投资信心和全球生产布局的决策，无法按照效率最优原则配置资源。中间品生产成本上升和对产业链的冲击，刺激了产业回流和外迁，导致全球价值链、产业链、供应链重构，并将伴随着中美角力而长期存在（张茉楠，2019）。美国对华从战略接触向战略遏制转向，力图在经济与科技领域与中国脱钩，打压中国发展战略新兴产业，刻意封杀5G领域的领军企业华为，并将多家中国高科技企业列入“实体清单”，以维护美国在全球竞争中的霸主地位。美对华高科技“遏制加封锁”，将改变中国“以市场换技术”的发展轨道及通过“学习曲线”市场后发国家赶超发展战略的路径。这会减少中国在参与高科技产品全球价值链中知识交流及“干中学”的机会，不利于科技发展和与其他替代接收高科技投资的国家进行竞争。在美欧亚三大区域价值链并行的局面下，建设自由贸易港有利于形成以中国为核心的产业价值链，“一带一路”建设、境外经贸合作园区和自贸区升级都有助于中国地位提升（崔凡、李淼、吴嵩博，2018）。

表 4－5　　　　美国对华加征关税实施进度

时间		措施	备注
2018 年	4 月 3 日	公布拟对 500 亿美元中国进口产品征税清单	拟对 1333 个税目下约 500 亿美元中国进口商品加征 25% 关税并征求公众意见
	6 月 15 日	公布对 340 亿美元中国进口产品加税清单和拟对 160 亿美元中国进口产品征税清单	第一部分 818 个税目价值约 340 亿美元，于 7 月 6 日开始加征 25% 额外关税；第二部分 284 个税目价值约 160 亿美元，将进一步征求公众意见
	7 月 17 日	2000 亿美元中国产品补充征税公告	建议对 6030 个税目下约 2000 亿美元中国进口商品加征 10% 关税并征求公众意见
	7 月 18 日	公布 340 亿美元征税产品排除具体规则	申请人为美国利害相关方，包括企业、商协会，申请截至 10 月 9 日
	8 月 7 日	公布第二批 160 亿美元自中国进口产品加征关税清单	含 279 个税目，于 8 月 23 日开始加征 25% 额外关税
	9 月 17 日	公布第三批 2000 亿美元自中国进口产品加征关税清单	共 5745 个税号，其中完全征税的 5734 个，部分征税的 11 个，将从 9 月 24 日加征 10% 额外关税，并从 2019 年 1 月 1 日开始税率提至 25%
	9 月 18 日	公布 160 亿美元征税产品排除规则	产品排除申请截至 12 月 18 日
	12 月 1 日	中美在 G20 峰会上达成互相停止加征新的关税的共识	2019 年 1 月 1 日起，将对价值 2000 亿美元的中国产品关税暂维持在 10%

续表

时间		措施	备注
2019 年	3 月 5 日	公告 2000 亿美元中国产品关税暂维持 10%，直到进一步通知	
	5 月 5 日	美国总统特朗普宣布对价值 2000 亿美元中国商品的关税税率从 10% 增加至 25%	5 月 10 日起执行，后于 5 月 15 日发布公告将最迟执行日期延至 6 月 1 日，6 月 10 日再将最迟执行日期延至 6 月 15 日
	5 月 13 日	公布 3000 亿美元中国产品拟征税清单	建议对 3805 个税目下约 3000 亿美元中国进口商品加征 25% 关税并征求公众意见
	6 月 19 日	公布 2000 亿美元征税产品排除程序	6 月 30 日—9 月 30 日接受排除申请
	8 月 13 日	公布第四批 3000 亿美元自中国进口产品加征关税清单	加征 10% 关税。其中，清单 4A 中的商品自 9 月 1 日起执行，清单 4B 中商品自 12 月 15 日起执行。8 月 17 日，对清单 4A 进行调整，移除部分商品
	8 月 23 日	宣布将对 5500 亿美元中国进口商品统一再加征 5% 关税	其中，3000 亿美元商品将按之前公告日期直接执行 15% 加征关税幅度；2500 亿美元商品经征求公众意见后，于 10 月 1 日起执行 30% 加征关税幅度，后延迟至 10 月 15 日执行
	10 月 11 日	宣布取消将 2500 亿美元商品加征关税税率从 25% 提高至 30%	
	12 月 13 日	中美就第一阶段经贸协议文本达成一致，美方将履行分阶段取消对华产品加征关税的相关承诺，实现加征关税由升到降的转变	对大约 2500 亿美元的中国进口商品维持 25% 的关税，清单 4A 中的 1200 亿美元进口商品加征的 15% 关税调降至 7.5%，取消原定于 12 月 15 日对清单 4B 中的 1800 亿商品新加征关税

二　区域竞争激烈

一方面，广州经济增长已由高速向中高速转换，经济增长面临内生动力不足，经济增长质量和效益尚待提高。先进制造业新增长点不多，工业投资不足，金融、科技服务、信息服务等现代服务业发展水平不高，战略性新兴产业和新业态尚未接续形成新的支柱产业，产业升级任务依然艰巨，产业集聚集群程度不高。另一方面，当前我国社会主要矛盾已经转化为人民日益增长的美好生活需要和不平衡不充分的发展之间的矛盾，这对广州经济的包容性增长构成挑战，对发展质量和效益都提出更高要求。与国内众多一线、二线城市相比，广州面临的区域竞争条件更严峻，比如，作为全国三大经济圈的中心，北京、上海在其圈内都具有独一无二的龙头地位，而广州在狭小的湾区却同时面临体量相若的深港两大城市的高位竞争，建设国际航运中心的难度可见一斑（见表4－6）。目前，自贸试验区已在全国多数省市复制，其他省会城市的自贸片区多获得省内政策和资金倾斜政策，但政策竞争力不足是困扰南沙自贸片区发展的重要瓶颈，使其在与省内的前海、横琴及省外平潭、上海等自贸区竞争时处于不利地位。在财税体制上，广州创造税收的地方留成比例仅为1/4，同时，广州公共服务及养老“负担”又是较高的。此外，国内许多中心城市都有国家战略的强力支持，如滨海新区、京津冀一体化之于京津，长三角经济带、浦东新区、自贸区战略之于上海，还有深圳特区、两江新区等，广州还缺少国家战略的资源支持。尽管近年来广州加大了对5G、集成电路、新型显示等战略新兴产业布局，并开始在人工智能、生物医药、工程塑料、机器人等领域逐步培育出比较优势，但与北、上、深、杭比较，广州高技术制造业无论规模和占比均是五市中最低的。

表 4-6　　2019 年粤港澳大湾区主要港口吞吐量

序号	港口	货物吞吐量		集装箱吞吐量	
		绝对量（万吨）	同比增长（%）	绝对量（万 TEU）	同比增长（%）
1	香港港	26332	1.8	1830	-6.6
2	广州港	60616	12.6	2283	5.7
3	深圳港	25785	2.6	2577	0.1
4	东莞港	19032	26.9	368	15.6
5	珠海港	13838	0.3	256	10.7
6	中山港	1269	-2.2	141	-1.5
7	江门港	4479	116.6	67	12.3
8	惠州港	8353	44.2	24	-5.2

资料来源：香港港数据来源于香港政府统计处，其他港口数据来源于中华人民共和国交通部。

三　资源约束趋紧

随着城市建成区不断扩大和经济持续发展，城市生态空间占用、资源能源消耗和污染物排放增长的压力长期存在，新常态下对绿色发展的要求更为迫切，环境保护和生态文明建设亟待加强。广州在资源环境上的矛盾不容忽视。中心各区的环境容量已趋饱和，局部地区的环境污染突出，都会区内的石化、汽车、建材、化工、船舶、火电、港口等企业需有序搬迁。违法建设存量大，大气、水、土壤污染和垃圾围城等治理任务十分艰巨。污染防治压力很大，黑臭水体治理任务很重，固体废弃物处理能力不足。金融危机以来，石油等传统能源价格高企，但广州以传统能源为主的结构几乎没有变化，火电等传统能源所占比例高，新能源及清洁能源所占比重低，能源结构优化任重道远。中心城区产业用地开发强度高，发展空间瓶颈制约明显。同时，产业空间布局联系纽带不牢靠，点和线的联系度不够高。城市建设用地与生态用地矛盾突出，加大了生态空间破碎及林园地、耕地和湿地等生态系统占用的威胁。土地瓶颈是目前制约企业推动转型升级的主要因素，企业面临土地资源不足、用地成本高的问题。

第五章　广州建设自由贸易港的主要构想

第一节　重要意义

广州建设自由贸易港的重要意义有如下三方面：

一是有利于更好服务国家战略。当前，中国已成为世界第二大经济体，肩负更大全球责任，必然需要更高层次的开放来支撑其进一步发展。自由贸易港作为开放新格局的重要抓手，核心在于“全球开放水平最高的特殊经济功能区”，这契合了我国经济已由高速增长阶段转向高质量发展阶段的最新定位。广州对标全球最高开放水平，探索建设自由贸易港，促进国内外商品、资金、人员、信息等更自由流动，加快推动先进制造业与服务业开放，有助于形成高效率的开放型经济体系，为全国实施新一轮高水平开放进行压力测试，推动形成全面开放新格局。

二是有利于更好支撑区域发展。党的十九大报告指出，要“以粤港澳大湾区建设、粤港澳合作、泛珠三角区域合作等为重点，全面推进内地同香港、澳门互利合作”。《粤港澳大湾区发展规划纲要》公布和港珠澳大桥通车，都对大湾区货物通关、投资、汇兑结算等方面的制度创新提出新需求，广州建设自由贸易港将提供良好契机和发展平台。通过自由贸易港的建设，打造大湾区高水平对外开放门户枢纽，汇集高端研发、创新创业、跨境电商以及各种高附加值产业，进一步提升对湾区资源配置能力，为粤港澳经济发展提供新动力。

三是有利于更好参与城市竞争。从全球贸易发展和城市竞争态势看，纽约、伦敦、东京、香港和新加坡等全球城市，通过对贸易要素集聚与集成，已从传统的进出口物流中心发展为当今全球贸易的营运与控制中心，处在资金、信息和贸易价值链管理的核心环节。根据全球化与世界城市研究组织 GaWC 的 2018 年世界城市体系排名，广州位列 Alpha 级，广州要在全球城市竞争格局中更进一步，必须参与对贸易价值链核心环节的争夺，强化离岸功能和高端服务业（史本叶、王晓娟，2019），实现价值链位置的突破与上移，成长为全球资源配置中心。自由贸易港将创造广州参与全球价值链高端分工的优势，改变目前贸易局限于本地和转口环节的格局，释放离岸贸易和离岸金融的发展空间，有力推动广州国际航运、航空、信息三大战略枢纽建设。

第二节 建设目标

以习近平新时代中国特色社会主义思想为统领，全面贯彻党的十九大和十九届二中、三中、四中全会精神，落实党中央、国务院决策部署，坚持新发展理念，坚持推动高质量发展，坚持以供给侧结构性改革为主线，在国家建设自由贸易港总体战略下，依托粤港澳大湾区和“一带一路”倡议开展更高水平、更宽领域、更深层次的国际开放合作，探索与上海、海南等地差异化对比互补试验的实施路径。联动港澳、服务内地、面向全球，建设海港、空港、陆港、信息港四位一体、协同发展的新时代中国特色自由贸易港，打造建成全球贸易投资主要通道、“一带一路”建设重要节点、粤港澳大湾区核心增长极，成为开放层次更高、营商环境更优、辐射作用更强的最高水平对外开放门户枢纽。

争创国际经济合作竞争新优势，探索具有国际竞争力的制度安排，提升在国际经贸体系中的话语权和影响力。构建符合国际通行规则的高标准投资和贸易管理体系，形成更加稳定、透明和可预期的营商环境，建立“一线放开、二线管住、区内自由、联动探索”的自由贸易港体制机制，推进构建“四个中心”（金融中心、贸易中心、航运中心、信息中心），基本实现“四项自由”（贸易自由、企业经营自由、资金进出自由、人员进出自由），切实加强“三个保障”（法治保障、体制机制保障、经济安全保障）。减少约束要素资源自由流动的制度障碍，提升与全球产业资源的连接能力、提升与全球资本的连接能力、提升与全球科技资源的连接能力、提升与全球人力资源的连接能力、提升与全球数据的连接能力。

进一步支持港澳融入国家发展大局，提升粤港澳大湾区在全球价值链资源配置中的核心地位，加快发展更高层次的开放型经济。加强与港澳全面合作，打造与港澳营商环境对接、经济发展协同的合作体系，强化经贸投资合作，推动科技协同创新。有机衔接丝绸之路经济带与21世纪海上丝绸之路，加强与东盟、南太、中亚和中东欧地区的合作。建设开放型经济体系的风险压力测试区，继续以开放促改革、促发展，为我国建设社会主义强国进行“压力测试”，包括知识产权、环保、消费者保护、资本流动、视听、创新、文化、教育、技术与科研等新兴领域，提高风险防范能力，形成改革开放先行先试经验。

一是先期以项目带动，重点突破贸易便利化政策，做好广州南沙保税港区升级综合保税区工作，提升与白云机场综保区的一体化水平，进一步简化一线和二线的进出区手续，扩大转口贸易；二是建设自由便利的营商环境，如负面清单、账户体系、规则适用、法治保障，推动实现信息互联共享、智能自动的管理体系，形成更加开放透明的政府管理体系；三是集聚创新型高端产业，发展贸易和服务结算中心、全球资源管理中心等新兴业态；四是争取获得“国境内关境外”的法律地位，实施对接国际通行做法但与中国大陆区域有所不同的金融、货物和人员出入境管理制度，建立安全高效便捷的综合集成监管新模式，形成离岸贸易、离岸金融驱动发展态势，具备全球资源配置能力。

第三节　主要任务

一　口岸监管

生产生活要素能否更加自由便捷地流动，对提升大湾区市场一体化水平，加快构建开放型经济新体制意义重大。现有制度性约束及其市场规则壁垒，客观上给资源要素流通带来一定限制。目前国内特殊开放区域仅达到较低程度的“一线放开”水平，海关管控内容涉及安全、税收、知识产权、“扫黄打非”、打击虚假贸易等多个方面，比较境外先进地区做法，即便是自贸试验区也存在流程烦琐、操作效率低的问题，不利于实现自由贸易港的功能定位。监管模式未能同时完全适应保税研发、检测维修、总部经济、维修再制造、跨境电商等新兴业态发展的需求。以南沙保税港区为例，区内企业运营面临一线报关、区内建账、日常巡查、二线报关等多重监管，不能适应“自由贸易”的特点和需求。推动海关在大湾区试点改革监管程序、数据申报和业务流程，探索建立一线货物准入“负面清单”，对“负面清单”外的货物放开贸易管制措施，实行不申报、不征税、不设账册、不查验、不统计“五不”管理制度，实行“隐形、精准、自由”的监管模式，实现自由贸易港货物“自由存放、自由加工、自由流动、自由交易”，实施最低程度行政干预和管理。

将海关监管嵌入港口作业流程，实现通关“零跑动、零成本、零收费、可预期”。对港澳实施“一地两检”“合作查验、一次放行”等通关模式，推行先入区后报关、货物状态分类监管等创新模式。在贸易管制上，实施与港澳基本趋同的政策，除对动植物、肉类及家禽、危险药物、枪械等物品的进出口实施法律管制外，进出口贸易享有高度自由。通过“智能卡口”“智能地磅”“智能装卸”“智能审图”等手段，实现自动识别、自动称重、自动机检、自动清关，实现全天智能通关。推进展会跨境展品通关便利化，落实海关驻场监管，加大信息互换力度，实现从展会备案、核销到展品通关全流程网上办理，会展监管“一次申报、一单通关”。推动国际贸易“单一窗口”标准版口岸和应用项目全覆盖，搭建综合服务平台，实现物流企业 ERP 系统与联检部门互联互通，加强协调联动，进一步实现“信息互换、监管互认、执法互助”。推广应用盐田国际生态安全示范港建设成果和标准体系，建立自贸港生态安全因子识别、评估及处置快速反应体系，为货物自由出入、船舶（车辆）

自由靠泊、人员自由流动等实现全方位保驾护航。与国际组织以及“一带一路”沿线国家和地区共建共享全球质量溯源海外中心，打造以全球质量溯源体系为引领的国际贸易新规则。

构建与创新驱动发展要求相匹配、与国际通行规则接轨的知识产权保护体系。完善知识产权纠纷多元解决机制和知识产权侵权查处快速反应机制，深化行政执法与刑事司法衔接，拓宽仲裁、调解等社会治理渠道，破解维权举证难、成本高、赔偿低、周期长等问题。开展集专利快速审查、快速确权、快速维权于一体的一站式综合服务。建设知识产权行为诚信体系，建立健全知识产权诚信管理制度，制定信用评价办法，将知识产权恶意侵权行为信息纳入失信记录，强化对知识产权侵权失信行为的惩戒。建立知识产权保护社会参与机制，引导和支持社会力量参与知识产权保护。

二　金融创新

金融是现代经济的核心，金融资源配置力是自由贸易港参与国际竞争的重要保障。探索建立以服务实体经济为主，与自由贸易港外风险隔离的金融环境，推动自由贸易港内金融市场进一步扩大对外开放和创新发展，逐步实现外汇自由兑换、资金进出与划转自由、外汇市场有序开放。依托我国已搭建的离岸账户（OSA）、非居民境内账户（NRA）、自由贸易账户（FT）构成的多类账户体系，建立与自由贸易港发展相适应的账户体系。在境外融资成本较低时，引入境外人民币资金支持大湾区境内实体经济发展，有效帮助境内企业开辟新融资渠道，助力企业转型升级；在境内融资成本较低时，利用区内人民币资金为港澳台及国外企业提供贸易融资服务，有效满足境外企业融资需求，进一步降低企业融资成本。将自由贸易港作为落实金融对外开放政策的先行区，降低境外金融机构准入门槛，支持其在区内设立法人机构和分支机构、参股金融机构，推进国际金融岛、广州航运结算中心等平台项目建设，争取设立大湾区商业银行、创新型期货交易所。

以国际航运、国际贸易、国际物流企业为服务对象，以飞机、船舶和大型设备国际租赁、股权投资基金和跨国公司境外金融服务为重点，推动在跨境资金管理、人民币跨境使用、资本项目可兑换等方面先行先试。积极探索开展外汇管理改革创新，推进跨境双向人民币贷款、本外币资金池等业务，争取扩大合格境外有限合伙人（Qualified Foreign Limited Partner，QFLP）、合格境内有限合伙人（Qualified Domestic Limited Partner，QDLP）、深港通和人民币海外投贷基金等跨境合作的试点范围、规模和额度。在南沙研究建立香港保险业内地服务中心，参照我国外资银行业的开放顺序，按照“先外后内、先易后难、双向开放、加强监管”的原则，依次开放服务人群和险种，按“先港澳后内地、先短期后长期、先续期后新单”的实施路径，先面向在大湾区内地生活和工作的港澳居民，为其持有的港澳保单提供保单查询、保全变更、索赔申报、健康体检、投诉处理、理赔纠纷协调等服务，服务险种包括意外险、医疗险、短期健康险等短期险种，在条件成熟和外汇管理政策支持下，再逐步扩大服务人群和服务内容。探索设立大湾区保险产品创新研发中心，研究设计三地互认的保险产品；在跨境车险等效先认、重疾分红险试点、理财产品交叉代理销售业务创新试点等方面争取先行先试。在风险可控的前提下，有序推进自由贸易港金融市场向境外非居民进一步开放，吸引全球企业在港区开展投资和贸易。高标准建设金融基础设施，建设大湾区科技金融创新中心、跨境投资服务中心、金融要素交易中心，助推大湾区科技创新和产业有机结合。形成特色金融要素交易业务高地。

粤港澳大湾区金融发展必然会深入推进金融要素在湾区内的自由流动，随着经济一体化的加深，三地金融业间的“共振”将越发明显，在岸与离岸市场间的风险传导也将越发频繁，伴随着复杂多变的国际形势，“三期叠加”的国内经济，未来金融监管的难度将持续加大，对三地监管机构在不同机制下开展跨境金融监管协作、强化跨境金融机构监管和防范、化解金融风险提出更高的要求。以巴塞尔协议等国际监管标准为基础，梳理内地与港澳及英美发达国家在标准适用方面存在的差异，以自由贸易港为平台，在风险可控的前提下，适当调整对金融业务的监管要求，逐步推进粤港澳对同类机构、同类产品、同类服务的金融监管标准趋于统一。建立大湾区金融监管协调沟通机制，完善与金融开放创新相适应的反洗钱、反恐怖融资、反逃税监管合作和信息交流机制，进一步加强跨境金融监管和资金流动监测分析。强化科技监管手段，运用区块链技术提升对跨境金融服务的实时监测能力，运用大数据、机器学习和人工智能技术提升对复杂跨境套利、洗钱、逃税、非法外汇业务等违规风险识别的智能化水平。探索开展金融监管沙盒，对参与沙盒试验的金融创新，尤其是涉及跨境金融创新的项目，采取灵活的监管措施。

三　产业规划

广州已从依靠低成本土地和劳动力驱动发展阶段开始转向依靠

制度文化、高端投资和创新驱动发展阶段，自由贸易港应实施以“金融+科技+文化”为特色的多元产业支撑发展的道路，突出引导发展“三网”产业：互联网—物联网—心联网，按照产业融合而非简单的比较优势的逻辑来规划产业，突出海洋经济、数字经济、智能制造特色，通过高度集聚财富创造、科技创新和资源配置功能，在全球竞争中掌握先机。兼顾国际和国内市场，服务国家战略和区域经济，在产业设置上还要注意与上海、海南自贸港错位发展。提升中高端装备制造业、高技术产业和贸易物流等传统产业功能，同时要增强新产业、新业态功能，提升产业向“微笑曲线”的前后两端延伸。围网区域内，大力发展保税物流、保税加工、转口贸易、检测维修等与进出口贸易密切相关的产业；非围网区域，重点发展离岸贸易、离岸金融、设计研发、投资以及各种专业服务。将创新作为推动高质量发展的第一动力，通过制度创新为科技创新创业提供良好宽松的发展环境，同时通过科技创新为制度创新提供智能化、快速响应的管理手段。进一步健全开放型经济的政策体系，逐步完善区域创新体系、安全保障体系、开放安全的金融体系、知识产权保护体系和开放型创新型高端人才体系，打造成为投资贸易便利、规则开放透明、监管公平高效、营商环境优越的高水平对外开放门户枢纽。

以珠江航道黄埔港至龙穴岛段沿江区域为载体，建设国际物流商贸区、高端装备制造业区和现代航运服务业集聚区，弥补目前各类航运要素相对独立分散未形成合力的短板。充分发挥地理区位优势和深水岸线优势，加大高新技术产业和战略性新兴产业利用外资力度，支持外商投资高端制造、智能制造、绿色制造等鼓励类项目，推动汽车、重大装备、修造船和海洋工程等临港工业快速发展，重点推动新能源汽车研发及制造、汽车贸易及物流配送、汽车文化及会展等产业集群发展。吸引世界级船务、货运、物流和航运保险企业，带动船舶融资、船舶登记、航运经纪、船舶租赁、航运总部经济等现代航运服务业产业链发展；依托广州航运交易所，推进航运交易、航运指数、航运结算平台及港航大数据中心建设，拓展航空资源要素交易、航运金融、跨境结算融资服务等功能，打造国际化资源配置平台；发展现代航运物流，包括国际中转、国际分拨、综合物流、冷链物流等。着眼高端商务及商贸服务业，重点引进会计、法律、建筑、测量、中介等专业服务机构设立国际业务总部、窗口企业和涉外专业服务机构。

以“产业升级＋贸易升级”助力高质量发展。坚持货物贸易与服务贸易并重、在岸贸易与离岸贸易互促发展，积极培育跨境电商（服务）、离岸贸易、市场采购、融资租赁、汽车平行进口、检测维修等贸易新业态新模式，做大做强 B2B2C 跨境进口业务，推动 B2C、B2B 进出口等新业务开展，拓展特殊区域出口、跨境电商保税中转，完善跨境电商包裹退货、出区销毁等配套设施，继续吸引国内跨境电商龙头企业入区经营，建设全链条、辐射力强的跨境电商枢纽港。打造“一站式”服务窗口，吸引更多飞机租赁企业落户，吸引船舶、海工结构和市政工程、大型厂矿所需大型高值设备的租赁业务入区发展，建设大型装备设施保税租赁产业基地。通过文化保税，建立国际艺术收藏品交流、交易中心，允许外资从事文物拍卖经营领域先行先试，形成文化产品展示、展览、分销、配送、国际采购以及国际中转、检测、拍卖等文化综合贸易中心。申请以广州钻石交易中心为基础组建中国（广州）钻石交易所，覆盖钻石加工制造、监测分级、展示交易等全产业链，并赋予与上海钻石交易所同等的税收政策开展一般贸易进出口或内销业务。先期争取上海钻石交易所同意与广州钻石交易中心之间实施钻石通关一体化，即在上海钻石交易所报关征税，货物在广州验放，实现钻石加工贸易转内销、钻石一般贸易进口等业务，简化报关手续，降低企业通关成本。整合国际采购、国际配送、出口加工、配套服务等主要功能，成为辐射“一带一路”的物流采购、配送及供应链运营管理中心。

四 基础设施

按照国家规划指引，建设以港口型、空港型、生产服务型和商贸服务型为特色的综合物流枢纽（见表5－1）。随着南沙港四期即将建成投产，加快推进广州港深水航道拓宽工程、国际通用码头、国际邮轮码头、近洋码头、海嘉码头等一批重点港口基础设施建设，现有港口集疏运能力已不能适应吞吐能力大幅提升的需要，港口与产业园区、物流园区、干线公铁路之间缺乏有效衔接。目前过于依赖公路运输，有南沙港快速、京珠高速、虎门大桥、东新高速4条高快速路疏港通道，但向湾区东西两翼的公路集疏运通道较为缺乏。亟须加快建设南沙疏港铁路，完善铁水联运配套设施，同步推进铁路专用线直达堆场、码头及锚地等设施的技术改造，接入泛亚铁路网、国家铁路和高速公路网，促进公路跨境运输和国际铁路联运。进一步完善龙穴岛综合物流口岸，推进物流仓储设施建设，形成货柜、散杂、食品等项目的转运、进出口专项分区，提高物流效率。加强珠江口两岸城市合作，协同推进珠江口公共航道、锚地建设，推进内河航道、出海航道建设，及南沙港区至西江干线主通道建设和北江航道等内河航道浚深升级。促进与国际大港在航线网络布局、货物中转、口岸通关、资源调配、水陆衔接、航运服务等领域实现深度合作，提升与“一带一路”沿线国家和地区的连接联通能力。加快推进新增跨江高速公路通道的规划和建设，大力推进广中珠澳高铁、穗莞深城际等项目建设，加快构建形成大湾区一小时交通圈、南沙与周边城市的半小时交通圈。加快广州白云国际机场扩建工程建设，大力发展空铁联运，高水平打造广州临空经济示范区。建设国际一流的宽带网络、大数据基础设施，积极部署5G网络和新一代互联网（IPv6），争取在南沙设置国际光纤登陆站，建设国际数据专用通道，开展离岸数据服务。

表5－1　　国家物流枢纽建设布局

类别	承载城市	特色
陆港型（41个）	石家庄、保定、太原、大同、临汾、呼和浩特、乌兰察布、沈阳、长春、哈尔滨、佳木斯、南京、徐州、杭州、合肥、南昌、鹰潭、济南、潍坊、郑州、安阳、武汉、长沙、衡阳、南宁、柳州、重庆、成都、遂宁、贵阳、遵义、昆明、拉萨、西安、延安、兰州、酒泉、格尔木、乌鲁木齐、哈密、库尔勒	依托铁路、公路等陆路交通运输大通道和场站（物流基地）等
港口型（30个）	天津、唐山、秦皇岛、沧州、大连、营口、上海、南京、苏州、南通、连云港、宁波—舟山、芜湖、安庆、福州、厦门、九江、青岛、日照、烟台、武汉、宜昌、岳阳、广州、深圳、湛江、钦州—北海—防城港、洋浦、重庆、泸州	依托沿海、内河港口，对接国内国际航线和港口集疏运网络
空港型（23个）	北京、天津、哈尔滨、上海、南京、杭州、宁波、厦门、青岛、郑州、长沙、武汉—鄂州、广州、深圳、三亚、重庆、成都、贵阳、昆明、拉萨、西安、银川、乌鲁木齐	依托航空枢纽机场

续表

类别	承载城市	特色
生产服务型（47 个）	天津、石家庄、唐山、邯郸、太原、鄂尔多斯、包头、沈阳、大连、长春、哈尔滨、大庆、上海、南京、无锡、苏州、杭州、宁波、嘉兴、金华、合肥、蚌埠、福州、三明、南昌、青岛、郑州、洛阳、武汉、十堰、襄阳、长沙、郴州、广州、深圳、珠海、佛山、东莞、南宁、柳州、重庆、成都、攀枝花、贵阳、西安、宝鸡、石河子	依托大型厂矿、制造业基地、产业集聚区、农业主产区等
商贸服务型（55 个）	天津、石家庄、保定、太原、呼和浩特、赤峰、沈阳、大连、长春、吉林、哈尔滨、牡丹江、上海、南京、南通、杭州、温州、金华（义乌）、合肥、阜阳、福州、平潭、厦门、泉州、南昌、赣州、济南、青岛、临沂、郑州、洛阳、商丘、南阳、信阳、武汉、长沙、怀化、广州、深圳、汕头、南宁、桂林、海口、重庆、成都、达州、贵阳、昆明、大理、西安、兰州、西宁、银川、乌鲁木齐、喀什	依托商贸集聚区、大型专业市场、大城市消费市场等
陆上边境口岸型（16 个）	呼伦贝尔（满洲里）、锡林郭勒（二连浩特）、丹东、延边（珲春）、黑河、牡丹江（绥芬河—东宁）、防城港（东兴）、崇左（凭祥）、德宏（瑞丽）、红河（河口）、西双版纳（磨憨）、日喀则（吉隆）、伊犁（霍尔果斯）、博尔塔拉（阿拉山口）、克孜勒苏（吐尔尕特）、喀什（红其拉甫）	依托沿边陆路口岸

资料来源：根据国家发展改革委和交通运输部 2018 年发布的《国家物流枢纽布局和建设规划》整理。

五 综合信息平台

推进各个监管部门之间的资源共享，加强共同和协作，实现各部门的协同作业，建立安全、高效、便利的监管体系，这是自由贸易港建设成功的技术保障。新加坡早在 20 世纪 80 年代首创国际贸易单一窗口 TradeNet，国家贸易平台 NTP 的建设进一步巩固其国际贸易、供应链管理和贸易融资中心的地位。国际贸易单一窗口建设被列入国家“十三五”规划，目前平台已实现货物申报、运输工具申报、许可证件申领、企业资质办理等服务功能，基本实现了企业通过其向海关以及其他行政主管部门申报各类政务管理数据，并逐步实现行政主管部门执法作业的互联互通，但其为平台上的市场主体提供商务服务的功能尚未开发。未来要在自由贸易港率先实现其功能深化或拓展，涵盖国际贸易链条所有利益攸关者的业务和服务，不仅连接进出口企业和政府监管部门，而且要实现承运人、码头、金融机构、货运代理、检验机构的信息共享，整合运输工具、货物、集装箱作业动态信息，推进与国外平台的贸易数据的互联互通互用。充分运用云计算、大数据、物联网、人工智能等最新科技手段，建立完善信息共享平台，推进部门信息共享，整合港口信息系统、自贸区物流监控系统等。根据政策功能完善升级保税港区的辅助管理系统，研究应用新的自动化监管手段，按照“急用先上”的原则，加快“先入区、后报关”、货物状态分类监管、跨境电商卡口联动等功能开发速度，解决项目缺乏信息化系统支持的短板问题。区域合作层面，以市场为导向，以效益为纽带，整合考量大湾区港口的航线运力、货物类型、作业模式、运输模式等，优化信息系统、再造业务流程，便利各类要素跨境便捷流动，实现港口群码头设施、货源、航线、舱位、仓储、装卸服务等无缝合作对接，使各港口资源共享、优势互补、协同发展。推动码头信息化系统与海关监管系统联网，加强内地口岸管理部门与香港、澳门特别行政区相关部门的合作，建立信息共享机制，通过海关局域网与外部网之间、三个关境“单一窗口”之间的对接，使与进出口物流相关的备案数据在内地各口岸管理部门之间、内地与港澳之间实现一地备案，全域共享，实现大湾区内更高水平的信息互联共享和合作互动发展。

着力构建统一安全的政府大数据平台，加快政务信息资源跨层级、跨地域、跨系统、跨部门、跨业务互联互通，建设一体化监管信息平台，实现自由贸易港法定机构和企业运营信息的全面整合，通过港内智能化监测、自动识别、大数据分析、视频监控、物联网等设备设施的建设，实现信息、货物、资金等全流程、全范围、智能化、一体化核碰和追溯。加强对数据的界定、采集、存储、开发、应用、交易和归属权等进行明确的法律界定和规范，厘清数据拥有者、使用者、管理者各自权责，明确开放共享和保护隐私的界限，实现“科学、合理、安全”的数据共享，为大数据发展提供法律支撑和保障。坚持标准先行，加快构建大数据标准体系，按照服务对象的区别，政府部门业务数据可分为三类，即政府对政府（G2G）、政府对企业（G2B）和政府对民众（G2C）。针对不同服务对象，加快推进各类数据标准整合，依托现有《政府公共信息资源目录》，加强不同业务部门间数据标准体系的对接互联，构建标准统一的数据共享开放机制，解决数据共享开放的体制和技术难题。以应用为导向，构建绩效监管长效机制，结合政府、企业、民众需求迫切程度，将大数据平台建设重心放在开发应用上，一方面通过平台建设推动政府各部门业务流程变革，另一方面通过深化“放管服”改革以项目需求带动政府各部门加强工作协同和数据共享，更好实现简政放权。同时，建立绩效评价和监督问责机制。对于信息共享、整合和开发应用工作突出的部门，采取激励措施，增强内驱动力。

六 集约管理体制

无论是迪拜的政企合一模式，新加坡的政府规划、企业运营模式，还是欧洲的港务局管理模式，都在自由贸易港建立起权威高效的管理机构。港区管理上可将监管与投资运营职能分列，设置由中央政府垂直领导的监管机构、地方政府主导和社会化资本参与的投资运营机构，整合海关、检验检疫、海事、边检、外管、工商、税务等监管职能和流程，在风险可控的前提下，将对企业经营的行政干预降到最低程度。学习借鉴深圳前海管理局经验，及南沙新区明珠湾开发建设局和南沙新区产业园区开发建设局等法定机构设立和运行的做法，在南沙设置自由贸易港管理局，联动广州港、广州空港和广铁集团，统一负责自由贸易港内的管理事项，实现口岸的集约管理，逐步实现统一监管，海关、边检等部门根据需要进行业务指导和必要的监督检查。建立集中统一的外资管理机制、科学有效的外资监管模式、规范透明的外资政策体系，化解目前存在的机构重叠、职责交叉、政出多门的矛盾以及权限冲突，提高政策执行效能。

以深化机构改革为契机，推进机构重塑、职责重定、队伍整合、力量集聚，优化政府市场管理和服务职能。尊重经济发展规律，围绕产业发展诉求设计政策体系，提高系统化和集成化水平，以产业发展倒逼政府职能转变和权力配置改革。全面推行清单管理制度，建立健全清单动态调整公开机制，明确政府管理的权力和责任边界，改善政府管理“缺位”与“越位”并存的现象。提高法治透明度，解决执法标准、执法对象不一致等问题。推动政府管理标准化和规范化，以办事全流程便利化为目标对原有以部门为基础的审批流程系统性重构，整合原有各部门碎片化、条线化的政务服务事项前端受理功能。开展外国（地区）企业直接登记制度，对符合一定条件的境外及港澳企业，放宽在内地从事生产经营活动限制，简化从事生产经营活动的设立登记手续。推进“数字政府”建设，强化企业专属网页功能，深入推进政务服务“即刻办+零跑动”，提升全流程网办覆盖面。建设完善“走出去”综合服务平台，为企业提供覆盖商务、外汇、外事、税务、贸促、边检、海关等部门的政策咨询、风险评估、融资服务和办事指引等全流程服务，完善政企对接通道。

七 事中事后监管

市场监管体系构建是确保各项政策创新的必要前提（李猛，2018）。由于过去政府部门依赖于事前的监督、控制和审查，特别是对外资企业运行状况缺乏准确的事中和事后掌握，对本地吸收外资的市场潜力及实际需求、境外投资者的投资意愿等缺乏研判。随着外资准入前国民待遇与负面清单管理模式的推行，管理重心从前期的市场准入转到准入后的市场监管，各级政府存在不适应新制度、新政策、新模式，不知道如何作为的现象，法规制度、流程规范不到位和方式手段、部门协同跟不上等问题也比较突出。外资企业在认可投资便利化程度提升的同时，反映部分行业“大门开、小门不开”的问题仍然存在；部分地区和部分领域知识产权保护力度不够，实际保护效果不佳；有些领域行政审批程序仍有压缩的空间，对跨境资本和数据流动的限制较多等。

加强商务、工商、海关、外汇、税务、住建等部门联动，创新事中事后监管，构建以经济安全、金融安全、生态环境安全、口岸卫生安全、信息安全、履行国际公约义务等为核心的风险识别、评估与管理体系，确保国家产业、经济社会运行、市场秩序和个人隐私等安全。充分发挥商业保险、信用评价、平台企业和创投企业等第三方机构在风险管理、风险定价和市场救济等方面对市场机制的延伸和传导项能，解决政府在推进事中事后监管中容易出现的越位监管、缺位监管等问题（王孝钰，2018）。在确保政府基本公共服务免费的基础上，按照“谁占用公共资源多，谁支付费用高”的原则，探索建立定制化有偿服务和阶梯式收费模式。推行综合行政执法改革，完善市场监管和企业信用信息平台 2.0 版，加快信用服务体系建设，完善自由贸易港企业信用评价标准和流程，建立企业诚信档案，构建守信联合激励、失信惩戒约束和市场禁入与退出制度。大力培育经认证经营者（Authorized Economic Operator，AOE）企业[①]，创新 AOE 企业监管模式。按照精简化、标准化和协同化标准，运用大数据、云计算、物联网、区块链等新技术提升监管的精准化、智慧化水平，实现传统行政监管向精准监管、精细监管和动态监管转变。实施自由贸易港货物无目录大样本风险监测和动态管理，实现全面风险的主动、全流程监测。

建立外商投资全周期监管体制，增强外商投资行业预警、审批监控、运营监测职能，依法依规对备案企业实施监督检查。建立外

① 世界海关组织（WCO）《全球贸易安全与便利标准框架》将 AOE 定义为：“以任何一种方式参与货物国际流通，并被海关当局认定符合世界海关组织或相应供应链安全标准的一方，包括生产商、进口商、出口商、报关行、承运商、理货人、中间商、口岸和机场、货站经营者、综合经营者、仓储业经营者和分销商。”

商投资权益保护工作机制，加大对外商投资企业享有准入后国民待遇的保障力度，包括企业财产权、自主经营权、公平竞争权等。强化外商投资投诉处理机制，优化外商投资投诉服务流程，建立定期通报监督机制，将投诉属实数量、处理情况、企业评价等指标纳入各级政府绩效考核管理。产业支持政策、创新支持政策同等条件下适用于外商投资企业。审核外商投资企业业务牌照和资质申请应采取统一标准、统一时限。在政府采购领域平等对待内外资企业生产的产品，促进各类市场主体公平参与政府采购招投标。

八　配套财税政策

税务环境是营商环境评价的重要指标之一。当前，优化纳税服务主要是着眼于办税渠道便利化、办税服务智能化等层面，但办税次数、办税时间、总税率和缴费率、税后流程等办税指标则更多受制于税制顶层设计影响。由于税基较宽泛，税费种类较多，在内地经营业务需要投入更多资源进行税务管理。广东省企业在经营活动中除去增值税，总税率和社会缴纳费率占企业商业利润一半以上，与香港（22.9%）仍有一定差距。内地实行综合与分类相结合的个人所得税制，税负显著高于港澳地区，从前期前海、横琴等个税补贴政策实施情况看，境外人才的获得感还不够强，主要存在人才认定标准较严、补贴申请期限较长、补贴后整体负担水平仍高于港澳等不足。自贸试验区优惠制度安排不统一，前海、横琴享受鼓励类产业15%的企业所得税优惠，金融试点政策等与南沙也有所差异。对进入港区的货物，探索实施关税、增值税及部分消费税免征政策；货物从自由贸易港进入国内，仍按现行规定征收进口环节税，货物从国内区外进入自由贸易港视为出口，按照现行规定征税、退税。探索简化税种、降低税率，以企业所得税和个人所得税为主，以实际税负为标准，探索推动财税政策接轨先进自贸港。积极研究有利于境外股权投资和离岸业务发展的税收政策。允许自贸港在一定时期内自行支配财政收入，完善对科技创新、人才创业的鼓励政策。先期可考虑在地方政府具支配权的企业所得税和个人所得税方面进行突破，同时继续加大力度清理、减少各类涉及进出口企业的不合理收费。

第四节　保障措施

一　建立专项工作机制

自由贸易港区的申报和建设工作是一项复杂的系统工程，政策性、敏感性强。建议统筹成立广州市自由贸易试验区（自由贸易港）工作领导小组，加强统筹协调，形成全市工作合力。市主要领导担任领导小组组长，成员单位由市商务局、发改委、交通局、港务局、财政局、口岸办、南沙开发区管委会、广州空港经济区管委会、广州港集团、广铁集团，以及海关、税务、外汇、边检等部门组成。领导小组适时召开会议，分析形势，研究对策，确保自由贸易港申报工作有力有序进行。领导小组设办公室，由市商务局、南沙开发区管委会有关负责人分别担任办公室主任、副主任。探索设立“单一管理委员会”，并赋予法定机构管理职能，由该机构根据授权依法办理港区内企业准入、业务开展、货物进出的日常管理等有关业务，厘清与实施“条条管理”的中直驻穗单位的职责分工，海关等部门则仅根据需要进行业务指导和必要的监督检查。

二 加强自由贸易港整体规划

自由贸易港既要具备“境内关外”的地理优势和政策支持，也要满足产业发展对产业配套、交通网络和城市功能的要求。广州建设自由贸易港不能简单复制香港和新加坡港，要提出与海南、上海错位发展的明确思路，一方面打好粤港澳大湾区框架下粤港澳深度合作这副牌，利用自由贸易港“一线彻底放开”和“真正境内关外”的政策优势和粤港澳三地无缝连接的地缘优势做好“粤港澳三地生产要素自由流动”的大文章；另一方面要注重依托中国广大市场内需进而推动亚太贸易再平衡，真正服务实体经济发展。此外，要未雨绸缪，为广州自由贸易港争取更大设置范围和发展空间，加强与有关部门的沟通联系，争取妥善解决用地问题。海港和空港的组合是国际上自由贸易港的主流布局，要研究并积极争取将广州白云机场综合保税区纳入自由贸易港的申建范围。考虑到南沙地处粤港澳大湾区地理几何中心，是连接珠江口两岸城市群和港澳地区的重要枢纽性节点，区位优势和政策配套得天独厚，自由贸易港的设置应以自贸试验区南沙片区为主，联动广州空港经济区，具体划分为物理围网区域（比如龙穴岛、沙仔岛等具备天然屏障的区域）与非物理围网区域（比如蕉门河区块、明珠湾区块）。物理围网区域以现有海关特殊监管区为基础建立，主要实现贸易自由化功能，并开展集散分拨和出口加工等业务。非物理围网区域为货物集散和加工提供配套，发展离岸贸易、离岸金融等生产性服务业，吸引资金、技术、信息和人才集聚。

三　争取更大地方立法权

《中华人民共和国立法法》第八条规定，涉及基本经济制度以及财政、海关、金融、外贸基本制度，诉讼和仲裁制度，民事基本制度，税种的设立、税率的确定和税收征收管理等税收基本制度只能制定国家法律，而这些方面对于推进粤港澳大湾区建设和自由贸易港建设至关重要。根据《中华人民共和国立法法》第七十二条、第七十三条和第八十二条的规定，目前广州市的地方性法规、规章的立法权与普通地级市一样，只能在不和宪法、法律、行政法规与本省的地方性法规相冲突的前提下，对城市建设与管理、环境保护和历史文化保护等方面的事项制定地方性法规、规章，和深圳等拥有经济特区立法权具有较大差距。建议争取国家赋予广州更大立法权，发挥好南沙等重点合作平台在体制机制创新等方面的特殊作用，根据国家授权开展前沿领域的立法和实施相关创新措施，因地制宜设计立法试验任务。不再仅仅局限于城乡建设与管理、环境保护、历史文化保护等方面的事项，在营商环境、城市管理、投资贸易自由化便利化、科技创新、口岸通关、社会民生、执业资格互认、标准对接等方面有所突破，提高广州立法自主性和灵活性，为探索粤港澳大湾区与自由贸易港建设提供更加精准有力的法律制度保障。同时，围绕发展实际就所需国家法律、行政法规支持的事项进行梳理，形成立法需求清单，分出轻重缓急，由按程序报请省人大常委会、省政府通过法定程序提出，争取全国人大、国务院作出授权决定或者调整适用有关法律和行政法规的决定。

四 探索推进信息要素高效便捷跨境流动

放宽数据本地化与数据控制政策，建立分级分类跨境数据流动管理体系；建立白名单制度，在第三国充分保护原则的基础上放开部分跨境数据流动。对一般性政府及行业数据通过审查许可、登记备案等管理措施有条件限制跨境流动；对不涉及国家安全、不违反保密规定的数据，经安全评估或审核后允许区内企业进行跨境交换。加强大湾区大数据标准化顶层设计、建设大数据标准检验检测平台、标准符合性评估认证体系，积极参与大数据国际标准化工作。面向大数据基础科学研究进行前瞻布局，打造健全的大数据产品体系，创新和试点推行数据资源备案、数据管理制度等。以重点应用为牵引，建立大数据共享交换机制，争取国家支持大湾区科研合作项目需要的医疗数据在湾区内限定高校、科研院所和实验室跨境使用，推动民生领域大数据应用。探索授权深港澳征信组织、银行业协会或其他符合条件的第三方机构建立跨境数据交换合作机制，在符合内地与港澳相关法规的前提下，按照“最小授权”和“客户自愿”等原则交换数据信息，开展金融科技创新。制定大湾区跨境数据分级准则、跨境数据交换目录、数据资源清单，构建统一共享交换平台、政务数据联合开放平台，加快网络基础设施升级。建设湾区内网络信任体系，推进粤港数字证书互认工作，推广基于法定身份证件的数字身份管理技术，建立粤港澳统一的网络空间身份管理体系。建设互联网基础资源数据共享与分析平台、互联网域名解析技术服务、互联网基础资源安全防护与监测系统，携手港澳共建共享网络服务平台，共享气象、海洋、空间、医疗等领域基础数据。

第六章　广州建设自由贸易港的重点突破领域

第一节　打造多式联运中心

当今世界主要自由贸易港集疏运体系正朝着多元高效、联动融合方向发展，侧重于形成供应链各环节无缝衔接，海铁联运、海空联运、水水联运、公铁联运成为多式联运的重要模式（黄小彪，葛春凤，2016）。从内地港口现状看，青岛、宁波、大连、营口、连云港等已形成良性发展态势，但与现代集疏运体系的要求还有很大差距。自 2016 年起，交通运输部联合国家发展改革委在全国范围组织开展了多式联运示范工程建设，陆续公布了三批共计 70 项国家多式联运示范工程项目，其中有第一批的中外运（广东）“东盟—广东—欧洲”公铁海河多式联运、第二批的盐田港亚太—泛珠三角—欧洲国际集装箱多式联运、第三批的顺丰铁联多式联运平台示范工程和粤港澳大湾区“7 +5”多层节点网络多式联运示范工程四个广东项目入选，但均与南沙港无直接联系。2019 年，国家有关部门对第一批 13 个项目开展了验收，以上广东项目也都未列入 2019 年 11 月公布的、由两部委联合命名的 12 个“国家多式联运示范工程”（见表6－1）。

表6－1　　　　　国家多式联运示范工程名单

序号	名称	牵头企业	概况
1	河北省“东部沿海—京津冀—西北”通道集装箱海铁公多式联运示范工程	唐山港集团股份有限公司	开通海铁联运班列18条，建成18个内陆港，开通中蒙国际集装箱直达班列，常态化运营“日韩中蒙”过境班列，开行唐山港—安特卫普中欧班列，构建辐射三北、联通中亚、通往欧洲的海铁联运体系
2	辽宁省大连东北亚国际航运中心“亚太—东北地区”通道集装箱海铁公多式联运示范工程	大连港集装箱发展有限公司	在国内较早发展铁水联运，大连港被选定为全国铁水联运示范港口，率先引入“公共班列经营人”模式，建立东北地区首个的多式联运海关监管中心，形成全程高效衔接的铁海联运服务模式
3	辽宁省“东南沿海—营口—欧洲”通道集装箱公铁水联运示范工程	营口港务集团有限公司、辽宁沈哈红运物流有限公司	构建“以沈哈红运为核心企业＋N”的供应链生态圈，形成以营口枢纽为物流组织中心、以沿海口岸及内陆场站为支点，纵贯南北、联通铁海、畅通欧亚的海铁联运服务网络
4	江苏省新亚欧大陆桥集装箱多式联运示范工程	连云港港口控股集团有限公司	依托稳定运行的“连新亚”等班列，实现多式联运基础设施的衔接，有效推进多式联运信息系统建设，提升多式联运效率
5	浙江省“宁波舟山港—浙赣湘（渝川）”集装箱海铁公多式联运示范工程	宁波港股份有限公司	舟山港海铁联运跻身全国三强，南方海铁联运第一大港。创新双层集装箱班列、“公转铁”煤炭班列、铁路箱下水出境、冷链班列运输等一系列海铁联运模式
6	山东省青岛“一带一路”跨境集装箱海铁公多式联运示范工程	青岛港（集团）有限公司、中铁联合国际集装箱有限公司青岛分公司	2018年，青岛港成为中国沿海首个海铁联运操作箱量突破百万标准箱的港口，连续四年全国第一。建设连接东亚、东南亚、中亚与欧洲的海铁联运过境物流大通道，累计开通班列41条，形成“一市一线、一地一港、覆盖山东、面向世界”的网络布局

续表

序号	名称	牵头企业	概况
7	河南省郑欧国际货运班列“一干三支”铁海公多式联运示范工程	郑州国际陆港开发建设有限公司	依托郑欧班列常态化开行，拓展海铁、空铁、公铁等多式联运，实现班列去程和回程公路提送货，场站拆装箱，报关报检，铁路运输，融资预结算，全链条服务；以公—铁—海—空联运与日、韩等亚太国家建立广泛业务合作
8	湖北省武汉市推进“‘一带一路’倡议、长江经济带段战略”集装箱铁水联运示范工程	武汉港航发展集团有限公司	长江内河港口中铁水联运量居首位，打造“三点一廊、东西贯通”的多式联运体系，将阳逻港、汉口北铁路物流基地、吴家山铁路物流基地通过铁路线形成“一线串三珠”的格局
9	重庆市渝新欧多式联运示范工程	重庆交通运输控股（集团）有限公司	西部陆海新通道的重要枢纽和中欧班列主要开行地。建设公铁联运场站、信息系统以及装备设施配备等，探索创新公铁无缝衔接、高效互转的组织能力与运作模式
10	四川省成都国际铁路港集装箱铁公水多式联运示范工程	成都国际陆港运营有限公司	国际班列连接境外 24 个、境内 14 个城市，打造南向跨区域联运一体化的国际陆海贸易新通道；与东南沿海港口加强合作，构建联通日韩、北美地区的海铁联运网络
11	云南省“昆明—东南亚、长江经济带、广西北部湾”“一心三支”点轴辐射型集装箱公铁海多式联运示范工程	云南腾晋物流股份有限公司	腾俊国际陆港公铁物流中心联动国际陆港、周边大型物流枢纽、沿边口岸、沿海港口和境外物流枢纽，是全国唯一与国家铁路无缝连接的专运线站场，也是国家一级货运站场
12	甘肃省兰州南亚国际班列公铁联运示范工程	兰州国际港务区投资开发有限公司	截至 2019 年 8 月底，兰州国际陆港共发送国际班列 520 余列，运输货物由原来单一有色金属产品拓展到农产品、热带水果、冰鲜水产、服装家电及日用百货等

资料来源：根据交通运输部联合国家发展改革委发布名单（交运函〔2019〕834 号）整理。

一　构建以自由贸易港为核心的多式联运枢纽

广州港近年来在海铁联运、水水联运网络、驳船航线拓展方面取得较大突破。在江海联运方面，广州港充分利用珠江水网，2018年年底已开行“穿梭巴士”内外贸航线达到64条，还开通160多条水上驳船航线形成覆盖整个珠江—西江流域的江海联运网络。海空联运方面，开通“香港机场—南沙保税物流园区”海空快运通道，依托白云国际机场和空港综保区发展海空联运中转业务。在海铁联运方面，广州港和广铁集团合作开行黄埔至湖南三塘、泸州等铁水联运班列，南沙港疏港铁路预计2020年建成通车。但目前多式联运所占比例仍然比较低，公路集疏运仍为主要方式，目前发达国家港口和铁路联运的比例通常在30%左右。另外，内河航道基层设施有待优化提升，没有充分发挥珠江下游水网优势，空铁海公交通枢纽一体化程度低。应推进广州国家多式联运枢纽建设，积极谋划以自由贸易港区为核心的公铁海河多式联运枢纽，加快广东铁路国际物流基地和广州白云机场国际航空货运枢纽建设，实现公路、铁路、海运、内河以及航空运输方式的衔接，充分发挥粤港澳海港、空港空间距离短优势，实现港区内多种运输方式无缝衔接的货物转运集疏体系。

在航线网络布局、货物中转、口岸通关、信息共享、航运服务等领域与粤港澳大湾区各大港口深度合作，大力开辟国际班轮航线，重点开拓东南亚、中东航线，积极争取欧美航线，力争每年新增10条以上。加强与珠江流域省市合作，打造干支联动、高效畅通的内河水运体系，创新“穿梭巴士”“驳船联盟”等发展模式，加强与铁路、港口、航运、公路等企业合作建设内陆无水港网络，加快西江、北江等航道扩能升级，构建以南沙港区为核心的珠江—西江江海联运枢纽，推进南沙江海联运码头一期工程、南沙港区江海联运港宝码头建设，缓解南沙港区支线泊位缺乏、内河与远洋船舶交叉作业的矛盾。加快推动南沙疏港铁路建设，构建集装箱海铁联运枢纽，鼓励与内陆铁路货场开行集装箱班列，拓展至西欧、中南亚、中南半岛的国际货运班列。抓住西部陆海新通道建设契机，发挥广东连接“一带”和“一路”的纽带作用，以“一个示范项目，双向互通，多个参与主体、多条通路、多种运输方式”为主线积极融入，广州港联动湛江港共同打造西部内陆地区经广东出海的南向物流通道。充分发挥南方航空等基地航空公司的国内外航线资源优势和白云机场口岸功能区、联邦快递亚太转运中心等较强的地面处理能力，推动各方合作开展航空物流中转、集拼等业务，建设广州空港过境电商集聚区，打造生物医药、电子信息等商品国际分拨中心，将白云机场口岸功能区域建设成为辐射全球的亚太航空物流分拨中心。创新与香港港口通关模式，建立与香港机场海空铁空联运通道，发展海空联运中转业务，打通与粤港澳大湾区机场群和港口群快捷便利的联系通道，协同海港、空港、铁路站场加快建设冷链物流体系。推动多式联运服务与装备标准化，推广集装箱、托盘等标准化运载单元。加快建设多式联运公共信息平台，鼓励各类物流专业平台、车货匹配平台等开放数据接口。推行“一单制”全程物流运输体系，全面实施口岸通关检验“三个一”。

二 强化中欧班列的重要载体作用

中欧班列自开行以来，在推动与“一带一路”沿线国家“五通”特别是设施联通、贸易畅通上发挥了重要作用，实现了良好的经济和社会效益。截至 2019 年 10 月底，中欧班列累计开行突破 2 万列，国内有超过 60 个城市开行班列，连接欧洲 16 个国家和 52 个境外城市。依托新亚欧大陆桥和西伯利亚大陆桥，布局形成“三通道”和“五口岸”。中欧班列作为具备一定消费竞争性和非排他性的准公共产品，对推动形成陆海内外联动、东西双向互济的开放新格局具有重要作用，日益成为“一带一路”建设的重要载体，各地均高度重视、纷纷加大中欧班列开行力度。

（一）开行现状

广东已有东莞、广州、深圳 3 个城市分别于 2015 年 12 月、2016 年 8 月、2017 年 5 月始发中欧班列，但总体开行情况和往返均衡率落后于先发的中西部省市，也落后于后至的沿海省市。从开行数量和质量看，与先进地区有较大差距。2018 年，广州大朗至莫斯科沃尔西诺开行 65 列，截至 2019 年 9 月底累计开行 162 列，货物价值 9.45 亿美元，实现一周开行 2 列。2018 年，全国共开行 6300 列，同比增长 72%，数量超出之前 3 年总和（见表 6－2）。同期，成都（1591 列）、重庆（1442 列）、西安（1235 列）、郑州（752 列）、武汉（417 列）的中欧班列运行均取得跨越式发展。中欧班列（成都）列车发送量、回程比例、运输货值、综合重载率等指标全国领先，班列国内外直达城市达 39 个，打造高效、柔性、低成本的全球配送体系。① 重庆同时在中欧班列和“陆海新通道”上发力，枢纽带动作用日益显现。

表 6－2　　　　中欧班列历年运营情况（2011—2018）

	2011 年		2012 年		2013 年		2014 年	
	去程	回程	去程	回程	去程	回程	去程	回程
班列	17	0	42	0	80	0	280	28
标准箱（TEU）	1404	0	3674	0	6960	0	23804	2266
	2015 年		2016 年		2017 年		2018 年	
	去程	回程	去程	回程	去程	回程	去程	回程
班列	550	265	1130	572	2399	1274	3610	2690
标准箱（TEU）	47132	21770	97400	8394	212000	105930	—	—

资料来源：根据中铁集装箱运输有限责任公司网站，http：//www. crct. com 数据整理。

从集货网络看，广东省属于被覆盖、被辐射范围，其他省市纷纷在广东省设立揽货点，提供“门到门”的运输服务。珠三角特别是广州作为国家布局的集港口型、空港型、生产服务型和商贸服务型多种功能于一身的物流枢纽，未能发挥华南铁路枢纽和综合交通枢纽的辐射作用，仅依靠省内网点，吸引不到外地货物前来发运，在低运价的吸引下大批货物也流失到其他省份出口。同时，南沙疏港铁路还处在建设期，未能与南沙港形成联动效应，集装箱多式联运发展不够快。反观其他省市，在境外积极拓展线路和站点，在国内竭力扩大揽货网点。郑州陆港公司集货范围覆盖全国 3/4 省市，80% 的货物来自省外。② 中欧班列（重庆）发挥临江优势，铁铁、铁水、铁公、铁空等多式联运并进，货源多来自西南、华东、华南

① 陈碧红：《成都铁路港贸易额直奔千亿元》，《四川日报》2019 年 7 月 16 日第 1 版。
② 张倩：《郑州在“一带一路”上阔步前行》，《郑州日报》2017 年 5 月 15 日第 1 版。

地区，更辐射东南亚。[①]

从发展趋势看，广州中欧班列发展面临国家政策和对手竞争的双重挑战。《中欧班列建设发展规划（2016—2020 年）》提出的班列年开行 5000 列的目标已提前达到，中欧班列已从只追求开行数量的“导入期”，转向更重视货值和重箱率、满载率、返程率的“提质增效期”。由于开行数量偏低，广州中欧班列在铁路部门“量价联动”机制下处于不利竞争位置，加之国家明确了财政补贴的退坡机制，要逐步实现市场化运营，带来新的挑战。建设中欧班列集结中心有利于货物在班列上的均衡高效配置，但也可能使广州从规划中的枢纽节点变成事实上的支点。乌鲁木齐集结中心针对外省市物流需求设计全程物流方案，并通过与重庆、成都合作，形成中欧班列相互补轴、零散货物在新疆集结开行的经营模式，自 2016 年 5 月运行 3 周年累计开行 2200 列，实现每天 3 列常态化开行。[②] 2017 年 12 月，由海关总署牵头，新疆、成都两地和铁路部门合作开行的首趟中欧班列集拼集运测试班列从乌鲁木齐集结中心驶出，开创了运输新模式。

（二）主要制约因素

中欧班列暂不能完全按市场化机制运作（王姣娥、景悦、王成金，2017），其发展和提升需要政府积极引导和规范。广州开行中欧班列过早强调市场化运作，不同于内陆省市的倾力支持发展，逐渐走出大相径庭的发展态势。表面上看是竞争对手实施高额补贴、

---

① 栗建昌：《“渝新欧”货单中的“转型密码”》，《中国国门时报》2018 年 6 月 14 日第 1 版。

② 逯风暴：《乌鲁木齐集结中心 3 年开行 2200 列中欧班列》，《新疆日报》（汉）2019 年 5 月 27 日第 1 版。

低价异地揽货带来的冲击，实质上是由于对中欧班列对提升营商环境的重要性认识不够，推动中欧班列发展的体制机制不够完善。

整体规划滞后，协调机制不畅。虽然推动开行中欧班列被列入广东省及广州市出台的多份重要政策文件，但缺乏指导中欧班列发展的整体规划，未明晰发展总体思路和各部门具体工作内容。缺少协调机制，商务（口岸）、发改、财政、交通、海关等部门对开行中欧班列高度关注、全力支持，但由于缺乏分工协作机制，尚未形成工作合力。中欧班列相关工作由口岸主管部门牵头推进，但其职能主要是负责口岸建设和对外开放规划并组织实施。其他省市多把牵头部门设为交通运输（物流）主管部门，如江苏省中欧班列发展联席会议办公室设在省交通运输厅，重庆市经信委（物流办）牵头常态开行“铁海联运”等国际物流通道。

政府引导不足，平台亟待升级。中欧班列运营一般由地方政府组建班列运营公司负责组织货源，中国国家铁路集团有限公司统一运输协调，中铁集装箱运输责任有限公司作为指定服务平台承运货物，可见运营公司是班列成功开行的关键点。广州并未成立专业、专门的平台运营公司，都是依托现有企业，缺乏本地国有资本的介入。现有运营企业为民企，虽深耕国际物流领域，但其运营的中欧班列更追求个体经济效益，不能充分贯彻政府构建全面开放新格局的战略意图。国内中欧班列开行比较成功的省市基本都是本地国企背景的平台运营公司，例如郑州、武汉等（见表6－3）。而最初由民企或者外地企业主导的平台运营公司，随着“一带一路”的深入推进已不能适应发展需要，当地政府纷纷另组公司加强服务力度。2016年4月，蓉欧班列由成都亚欧班列物流有限公司（中外合资）改由成都国际铁路班列有限公司（国企）管理运营。义新欧班列的发展模式也从完全市场化转向政府引领，2014 年通过地方国企改制设立承担物流专业化职能的专业公司（高柏等，2017）。

表 6－3　　国内主要中欧班列运营公司

名称	成立时间	成立背景	主营业务
成都国际铁路班列有限公司	2016 年 3 月 28 日	成都工业投资集团有限公司设立的国有全资子公司	蓉欧快铁、中亚班列等国际班列的运营实施主体
渝新欧（重庆）物流有限公司	2012 年 4 月 12 日	重庆交运集团、中铁、俄铁、哈铁、德铁合资组建	主要从事重庆、欧洲沿线双向铁路货物运输业务，以承办进出口货物及过境货物的国际运输货代业务为主
郑州国际陆港开发建设有限公司	2013 年 6 月 27 日	郑州经济技术开发区管委会和河南物资集团公司联合组建	负责国际陆港规划建设及郑欧班列运营，涵盖国际货代、多式联运、跨境电商、仓储服务、国际运邮、冷链物流等
武汉汉欧国际物流有限公司	2014 年 3 月 25 日	由武汉市的两家国有物流企业合并成立	提供公共班列、定制班列、双向拼箱三大服务，以武汉至德国、俄罗斯的线路为主
义乌市国际陆港集团有限公司	2005 年 2 月 2 日成立，2013 年 12 月 31 日改制	原为市属国企义乌市交通发展有限责任公司	负责国际物流园区、国内物流园区、保税物流园区、铁路口岸、国际航空港、陆港电商小镇等产业项目投资、建设、管理，及陆港新区基础设施配套工程的投资与建设
西安国际陆港多式联运有限公司	2016 年 10 月 11 日	西安国际陆港保税物流投资建设有限公司（国有控股）独资设立	作为 3 家“长安号”运营平台公司之一，负责运营西安开往欧洲的线路
辽宁沈哈红运物流有限公司	2014 年 1 月 7 日	沈阳铁路局集团、哈尔滨铁路局集团、营口港务集团和辽宁红运物流集团合资组建	公铁水多式联运大型物流企业，打造以营口港为枢纽中心的丝绸之路海铁联运大通道

资料来源：根据各中欧班列运营公司官网信息整理。

参与主体众多，资源配置低效。随着东莞石龙和广州大朗（大田）先后开行中欧班列和启动周边配套铁路物流园区建设，两地成为广东省参与“一带一路”倡议的“双子星”。而其他省市从成本和效率考虑，一般都采取了资源倾斜、单核突进的发展策略。广东多片区、多枢纽设置，并且隶属于不同投资或运营主体，使得海陆空铁等运输方式资源在狭小空间里分散，互为牵制，难以脱颖而出。从地理位置看，东莞石龙和广州大朗两地相距几十千米，处于同一铁路干线上；从发展定位看，都发展国际铁路经济，打造多式联运的综合交通枢纽；从服务对象看，都以珠三角制造业和“一带一路”沿线市场为目标；从开行数量看，2018 年两地开出的中欧班列都不超过百列，石龙始发的中欧班列还曾在 2016 年 7 月停运，相互竞争造成货物分流，难以集箱成列；从参与主体看，广东省广物控股集团有限公司以属下白云物流基地为基础，建设广东省国际铁路产业经济区，依托第三方物流运营广州大朗始发的中欧班列；广东（石龙）铁路国际物流基地及中欧班列开行由中外运物流华南有限公司主导，先后打造中亚班列、中欧班列以及“中韩快线”，拥有铁路货运（一类）口岸和水路货运（二类）口岸，但涉及东莞、广州、惠州，同时还需要铁路部门的支持。

园区发展缓慢，难以形成支撑。依托中欧班列发展铁路经济，既需要大发展空间，也需要大格局、高标准谋划，无论是成都国际铁路港还是西安国际港务区都已形成良好示范。实际上，广州围绕中欧班列的配套园区建设起步时间并不晚，但其规划面积、功能设置和建设进度有待加强。缺乏配套的综合保税区、保税物流中心等海关特殊监管区域，仓储物流条件不足导致红酒、啤酒、奶粉、牛肉等特色产品无法在本地进口清关。广东国际铁路产业经济区起步区建设项目入选广州市 2018 年重点建设预备项目计划，起步区控制性详情规划批前公示显示，项目用地面积 1.46 平方千米，主要发展仓储物流，预留商业金融业功能区不多，并未涵盖依托大田集装箱中心站建设的大田铁路经济产业园区，但两个毗邻的产业园区功能定位极为相似。广东（石龙）铁路国际物流基地总规划面积 2.41 平方千米，最早可追溯到 2009 年中国外运长航集团有限公司与石龙镇政府签订的合作协议，包括铁路集装箱货运站、多式联运区、行政功能区以及产业物流园区 4 部分，至今尚未整体建成。

三 主要思路和建议

实际上，中欧班列是原有运输方式的补充而不是替代，它缺乏与海运直接竞争的成本优势、与空运直接竞争的时间优势。中欧班列由于其运营成本高，迄今未实现盈亏平衡，但各地政府纷纷给予补贴，还有更多城市在开通，在原有研究范式中无法合理解释。本书将中欧班列定义为具备一定消费竞争性和非排他性的准公共产品，它的正外部性刺激了各地方政府加大开行力度，提升了内陆省市对外开放能力和对“一带一路”的参与度，提高了向中央政府争取政策的要价能力。同时，中欧班列运营是垄断竞争市场，从国内承运人来看是由中铁完全垄断的市场，从运营商角度观察是垄断竞争市场，根据克鲁格曼的战略贸易理论，规模经济和产品差异化决定了政府要对产业进行补贴，不但能促进该产业的发展，还能收获该产业作为战略支持产业发展壮大而产生的外部经济效应。中欧班列所承载的国际陆路运输与粤港澳大湾区港口群的发达海运网络，通过多式联运方式完美衔接，将力促广州与中东欧、西亚的经贸合作，同步提升对丝绸之路经济带和 21 世纪海上丝绸之路建设的实质参与。广州高质量开行中欧班列，要立足形成全面开放新格局要求，梳理分析中欧班列发展的新趋势及出现的新问题，进一步明晰政府在提供公共产品中的角色定位，构建中欧班列运行新机制和相关制度安排。

（一）建设专业平台

按照“政府引导、市场主导、各方参与”的原则组建中欧班列运营公司，引入属地国企参与组建国际铁路班列有限公司，作为中欧、中亚班列等国际班列的运营实施主体，负责有关配套产业园区的投资、建设、经营。提高准入门槛，加强线路统筹，推动形成干线—枢纽站、支线—揽货站的发展布局，研究依托大田集装箱中心站建设中欧班列集结中心。强化财政支持，尽快开行回程班列并形成常态化运作。

（二）加快业务创新

加快业务创新。中欧班列依赖补贴与海运直接竞争的局面是不可持续的，应发掘和培育市场需求，特别是海运货物中对时效要求高的、空运货物中价格较敏感的，尽快形成自身核心竞争力。结合铁路产业园区建设，支持申请建设水果、肉类、粮食、汽车、药品、木材等进境指定口岸，扩大可贸易商品范围，发掘在跨境电商、国际邮包、冷链运输等领域的潜力。深入研究中欧班列快件运输机制建设，扩大中欧班列运邮业务，申请将广州纳入运邮试点城市。开行跨境电商专列，完善物流、检测检验、金融服务等全方位的跨境电商发展生态体系。开展跨境直采直销，探索智能仓储配送、生鲜冷链仓储配送等业务功能。根据企业需求，开发东盟班列、过境班列、行邮班列、散拼班列等特色产品，开行企业定制班列。

（三）扩大境外网络

加快布局海外营销服务网络，综合考虑货物流向，在德国汉堡或杜伊斯堡设立分公司，充分利用当地物流资源建设境外集结中心，在马拉舍维奇、莫斯科等沿线城市及米兰、鹿特丹设立集采分拨点，形成多点集疏格局。改善中欧班列回程货物主要由进口商和货代公司集揽的现状，积极与沿线各国具影响力的行业商协会、贸易促进机构合作，同时吸引跨国物流企业融入中欧班列物流体系，发挥德铁、俄铁物流及其子公司远东陆桥等境外平台公司熟悉物流市场和商品信息的优势，共同参与回程货源组织。

（四）完善基础设施

加速南沙疏港铁路、大田铁路集装箱中心站及其配套站场、中俄贸易产业园的建设，利用白坭河、珠江西航道、白云国际机场等基础设施联动，强化南沙港海铁、江海联运枢纽功能，以建设具备国际中转港功能的多式联运枢纽平台。统筹规划广东省国际铁路产业经济区与大田铁路经济产业园区，高标准建设广州国际陆港，建设铁路专用线和优化铁路场站设置，完善临港仓储物流、保税加工、展示交易等产业功能区，与珠三角主要海港实现物流、信息等资源无缝对接。推动多式联运服务与装备标准化，推广集装箱、托盘等标准化运载单元。申请设立广州铁路保税物流中心（B 型）、多式联运海关监管中心，发挥铁路口岸和码头口岸功能优势，整合珠江—西江流域的码头、驳船服务体系，发展多式联运业务，实现各种运输方式在口岸作业区协同运作。

（五）强化服务支持

牵头开发基于国家版“单一窗口”的广东铁路口岸综合服务平台，实现班列、场站、海关等信息互联互通，推动与沿线国家铁路、关检等信息系统的数据交换与共享。破解现有各线路独立运作造成的低效和资源浪费，搭建班列信息及货物大数据分析平台，整合政府部门、行业、企业资源，汇总物流、信息流、资金流，科学调度货物，并为班列公司、铁路运营商、特定客户提供数据服务。积极参与铁路国际联运提单相关作业标准、责任条款和制度办法的制定，充分发挥非海运提运单的物权凭证功能，创新基于多式联运提单的金融产品和服务，服务“一带一路”资金融通。

第二节　推动粤港澳大湾区规则衔接

建设粤港澳大湾区，是习近平总书记亲自谋划、亲自部署、亲自推动的重大国家战略，如何实现三地规则相互衔接是大湾区建设的重中之重。中共广东省委十二届七次全会强调，要推动粤港澳三地规则衔接不断取得实质性进展。广东省《关于贯彻落实〈粤港澳大湾区发展规划纲要〉的实施意见》提出，要以规则相互衔接为重点，着力破除制约大湾区建设的体制机制障碍，促进各类要素在大湾区便捷流动和优化配置。

一　以规则衔接助推自由贸易港建设

香港拥有丰富的国际班轮航线资源和与自由港相适应的极具竞争力的税收和监管政策及备受国际认可的法律环境，其短板主要是可用于港口发展的土地面积有限且劳动力成本高，若干大量附加值一般、需要一定物理空间的集拼、散拼和初级加工业务的集中，只会导致香港传统货物贸易业务利润下滑且服务贸易升级转型受阻。反观其毗邻的内地广州港和深圳港，则拥有广阔的港口岸线和可拓展的纵深土地以及珠江口便利的水陆公铁集疏运体系，尤其是高度国际化的出口产业的物料需求以及内需市场的庞大潜力带来持续的港口业务增长动力，却客观上存在着诸如国际航线班轮不足、货物到港落地管制较为严苛以及通关流程较为繁复等因素，使得内地由众多小型船舶承运的二类港口进出口货物不得不通过香港港实施跨关境中转，增加了珠江口内众多小型船舶的运营成本，降低了大湾区内河港口资源利用效率。

自2018年2月《粤港澳大湾区发展规划纲要》印发以来，在国家战略指引下，广东省内各部门、各有关地市积极探索、先行先试，以规则相互衔接为重点优化营商环境，深化体制机制创新，推动三地规则制度机制的联通、贯通、融通，各项工作取得实质性进展。一是开展制度创新，便利要素流动。广深港高铁西九龙站实现“一地两检”，港珠澳大桥珠澳口岸实现“合作查验、一次放行”。“港车北上”“澳车北上”管理办法完成政策储备，粤港澳三地联合推出完善跨境非营运小汽车指标管理工作措施。职业资格和行业标准互认积极推进，对符合条件的境外人才个人所得税税负差额进行补贴，制发港澳居民居住证。推进跨境电子支票联合结算等金融服务创新。二是开放共享资源，协同科技创新。支持港澳机构参与申报广东省财政科技计划、重点领域研发计划、省自然科学基金项目，允许省财政科研资金跨境使用，便利三地科研人员、仪器设备、生物样品等科技创新资源便捷流动。国家超算广州中心、东莞散裂中子源等重大科研基础设施和大型科研仪器有序向港澳开放。三是提升政务服务，增强企业获得感。对标港澳，重点改善开办企业、缴纳税费、获得水电气、知识产权保护等关键环节。完善一体化在线政务服务平台，深入推进审批制度改革。

二 规则衔接的重点和难点

面对高起点、高标准、高质量推进大湾区建设的时代要求，和“一国两制三法域”的现实制度安排，推动粤港澳大湾区规则衔接还存在困难和问题。

（一）法域不同，法治合作难

一是司法合作问题。在法域合作模式下，广东省无法与港澳直接进行司法合作。大湾区内司法合作事项均需逐级呈报最高法院批准，地方法院难以就具体工作与港澳司法机关直接进行协调；广东省检察机关尚未与港澳地区的检察（检控）机关达成刑事司法协助的协议；除公安部与港澳方就内地与香港、澳门警方相互通报机制订立协议外，内地与港澳在警务合作中没有其他可遵循的协议。在具体案件办理中，存在侦查难、取证难、承认难等困难。二是法律服务问题。2019 年 7 月新修订的《港澳律师事务所与内地律师事务所在广东省实行合伙联营试行办法》，对港澳方出资比例、人员聘用、资质要求作了放宽，但仍存在制度限制多、业务范围小、配套措施少等问题，导致联营业务“形合实散”，省内合伙联营所数量近三年裹足不前。三是纠纷解决机制。粤港澳三地在仲裁、调解领域虽有合作，但总体上各自为战，甚至存在竞争关系，尚未有效形成共商、共建、共享的纠纷解决机制，缺乏一套共同认可的纠纷解决规则。四是立法权限问题。《立法法》第八条规定，涉及基本经济制度以及财政、海关、金融、外贸基本制度，诉讼和仲裁制度，民事基本制度，税种的设立、税率的确定和税收征收管理等税收基本制度只能制定国家法律，而这些方面对于推进粤港澳大湾区建设至关重要。除深圳、珠海拥有特区立法权外，其他珠三角七市立法权限难以满足深化规则对接的需要。

（二）关境区隔，要素流动难

一是货物流通障碍。内地货物出入境查验环节时间和成本已大幅度降低，但仍存在货物通关环节多、非查验环节耗时长等问题。大湾区内地和港澳物流通关往来时，未对进出口货物采用区别于其他国家、地区的特殊查验监管政策。三地托盘标准、叉车标准、车辆标准等物流技术标准不统一，物流包装标准与物流设施标准缺乏有效衔接，影响货物交接效率。二是人员（人才）流动障碍。内地居民特别是国家公职人员前往港澳限制严，三地大规模、高频次人员往来需求与传统通关模式和查验技术不匹配，频繁赴港澳开展工作导致出国（境）经费增长与国家进一步压减一般性支出、严控“三公”经费的要求相冲突。资格互认涉及法律法规调整、管理体制和标准体系的对接，法律服务、金融、医疗、教育等专业领域的规则对接尚需深入推进，会计、建筑、法律等领域的专业人士在内地执业条件较高。三是资金流通障碍。粤港澳金融合作规模与业界的期望仍有较大的差距，数据显示，香港在银行贷款余额方面规模已超过十万亿元人民币，但能够流通到广东的仅有千亿元规模。广东自贸试验区跨境人民币贷款业务虽有所突破，但提款金额也只有数百亿元。为防范金融风险，当前金融监管举措缺少“疏”与“导”，开放程度有待提高。四是信息交流障碍。在三种不同法域内，有效的信息数据接收安全监管手段、监管机制尚难具备，异地执法合作机制还不健全。三地大数据标准化各自为战，缺乏统一顶层设计。港澳主体电子签名与内地无法互认，港澳企业的相关文件需要通过中国委托公证人对其进行电子签名才可在内地认可使用。港澳居民身份信息和出入境信息共享机制不完善，其在办理企业登记业务时无法享受自助办理服务。

（三）理念差异，监管对接难

一是投资准入方面。广东自贸试验区及粤港澳服务贸易领域率先探索实行“负面清单”管理模式，但清单仍较长，限制条款还较多，对云计算、电子支付等新兴行业预留空间不足。港澳在内地投资金融、教育、文化等行业存在一定限制，准入后环节仍存“准入不准营”的制度性障碍。CEPA 对于港澳服务提供者的认定门槛较高，导致能够援引适用 CEPA 开放准入的主体数量有限。二是商事制度方面。广东的创新举措主要是对行政审批的整合或流程再造，行政主导资源配置的格局并未根本改变。如果不推动部委对政策法规进行整合，很难再实质性缩减涉及程序和耗时。很多发达国家和地区并不存在开办企业“刻制公章”环节，而我国《印章治安管理条例（草案）》在征求公众意见时强调，印章在今后相当长的时间内不可能被其他方式所取代。另外，企业开业的业务审批，涉及海关、检验检疫、统计、财政、环保、建设等部门，亟须加快信息互联共享，提高便利化。三是金融监管方面。三地监管部门对同一业务有不同监管要求，对对方的监管法律法规解读不一致，监管指标或业务风险系数设置也不一致。四是信用体系方面。目前粤港澳三地征信和公共服务信用信息系统尚未联通，金融机构无法直接查询对方居民个人及企业征信情况。此外，三地金融机构查询对方工商登记、不动产抵质押登记情况、税务情况等公共服务信息也存在不便。

（四）税制不同，区域平衡难

一是财政政策差异。由于三地制度不同，如何进一步推进粤港澳基本公共服务的建设步伐，在建设项目和融资目标的设计上更加贴近市场，对三地财政政策的协调提出了挑战。大湾区内地九市财政政策的侧重点不尽相同，广州作为国家中心城市要提供区域性公共产品，深圳与其他城市的财政体制不同。二是实际税负差异。三地税收结构、税收制度不一，在相同条件下，如果在大湾区内从事相同业务赚取同一水平的税前利润，在内地经营实际获得的税后净收益可能最少。由于税基较宽泛，税费种类较多，在内地经营业务需要投入更多资源进行税务管理。内地实行综合与分类相结合的个人所得税制，税负显著高于港澳地区。三是优惠政策差异。湾区内地九市经济实力悬殊，争取国家试点获得优惠政策情况有差异，这种差异和对资源无序竞争易导致生产要素在区域内流动不均衡，将进一步加剧区域经济不平衡。自贸试验区优惠制度安排不统一，前海、横琴享受鼓励类产业15%的企业所得税优惠和金融试点政策等与南沙也有所差异。

三　主要思路和建议

粤港澳大湾区建设在规则衔接上没有可以借鉴的先例，亟须以创新思维探索新路。广州应以自由贸易港和南沙粤港澳全面合作示范区为契机，在大湾区规则衔接方面率先突破、重点突破，为大湾区全面对接国际高标准市场规则体系、建设区域共同市场提供示范。

（一）打造大湾区法治建设示范区

申请优先设立司法合作联络机构，建立粤港澳大湾区司法合作机制，除少数确有必要报经中央审批的以外，均由该司法合作联络机构直接审查处理。联络机构实行立案共享、法庭资源共享、远程电子签章和裁判文书共享、案例共享、信息共享和推动司法协助与互助等，深入整合共享优质司法资源。通过最高法院授权的方式，在一定原则框架下就部分事项先行试点。例如在审理涉港澳商事案件时，允许港澳律师以律师身份出庭担任委托诉讼代理人。又如，试点将港澳仲裁机构作出的仲裁裁决视为内地仲裁裁决予以处理，促进提升湾区内粤港两地仲裁裁决的流通性。推动自贸区检察院直接与港澳司法机关及法律机构开展有效合作，探索形成法律文书送达、协助调查取证、罪犯移送等方面的制度化安排。健全破产清算法律机制，重视解决“僵尸”企业问题，试行强制出清制度。

（二）集聚法律服务优质资源

以南沙自贸区作为重点区域打造更多联营律师事务所品牌，对涉外法律服务业予以更大力度的税收优惠和政策支持。逐步扩大粤港澳联营律师事务所业务范围，税务、司法部门联合研究解决跨域律师纳税申报、港方律师年检与保险等事项中存在的问题，扫清联营律师事务所市场运营障碍。研究通过组织特定的培训和考试，允许港澳律师取得在珠三角九市的律师执业资质，从事民商事非诉讼法律事务。推动成立大湾区跨境商事争议解决中心，打造成为与伦敦同级别的世界级法律服务标杆。规范仲裁机构的管理和仲裁员资格的评级，推动三地仲裁员的联合培训和资格互认，建立高标准、统一的仲裁员选聘机制，实施仲裁员分级制度，提高仲裁员队伍的国际化、专业化水平。吸引以律师为主，包括金融从业人员、工程师等各界英才加入粤港澳商事调解队伍，借鉴港澳先进调解经验，探索提升对跨境、跨法域及争议调解水平和执行效力。成立外国（地区）法律查明中心，建立港澳与内地法律互查机制。探索在南沙“一带一路”法律服务集聚区成立涉外民商事检察服务工作站，发布中英文版涉外民商事检察指南，建立涉外民商事案件中英文释法说理机制，与区法院、区司法局建立涉外法律服务支持和协助体系，提供高质量的涉外法律服务。创新商标、专利、版权“三合一”知识产权管理体制机制，建立知识产权案件跨境协作机制，加强知识产权保护国际合作，构建与国际接轨的知识产权仲裁体系。

（三）以制度创新促进大湾区要素高效流动

依托粤港澳大湾区建设和深圳建设中国特色社会主义先行示范区，以自贸试验区深化改革创新和探索建设自由贸易港为抓手，申请在南沙设立单边开放测试区，积极争取国家赋予扩大开放措施、提升贸易便利化水平、促进粤港澳要素自由流动等方面更大的改革自主权，进一步推动完善落实 CEPA 及补充协议的配套实施细则，对港澳实行最低程度的负面清单市场准入管理。率先单向认可港澳的标准和资格，包括单边认可港澳居民的专业资格，如迫切需要的港澳建筑师、律师、医师、会计师、测量师等，单边认可港澳医疗监管标准，便利医疗器械、耗材进口，率先实现港澳居民、资金、货物、信息等在试点区域自由流动。探索对港澳人才实施职业资格目录清单管理，清单之外一律不得设置许可和职业资格认定，试点简化或取消港澳人士在内地执业要求、居住时限等规定。引导南沙自贸区与香港签订合作协议书，探索研究具有香港执业资格的建筑专业人士经备案后在自贸区内提供专业服务的合理方式，推动两地建筑行业协同发展。

争取允许港澳已依法批准上市但尚未获得内地进口注册许可的药品、医疗器械在广州特定区域指定医疗机构使用。提升国际贸易“单一窗口”的国际化水平，试点改革监管程序、数据申报和业务流程，实现与港澳海关的业务全面对接，在查验信息、检验认证认可等领域的粤港澳互认实现突破。建立完善大湾区金融产品交易资金的跨境支付结算系统和机制，完善资本市场互联互通基础设施建设；建立联合监管的跨境交易金融产品的登记、托管和结算机构，便捷资本市场资金、产品的流通；探索将基金互认进一步扩大到大资管产品互认，拓宽三地资金与市场的连接渠道；强化司法协助合作机制，进一步磋商有关仲裁保全、跨境破产的司法协助相关规定。同时，建立监管沙箱，清晰地掌握试行监管制度与市场发展的需求关系，及时发现和限制市场过度行为以及监管政策不足，帮助三地政府及时进行政策调整和市场引导，保障单边开放政策顺利在大湾区全面推广。加快推动发行电子化的港澳居民居住证，并在此基础上实现港澳居民居住证、回乡证，以及港澳身份证、护照等各类身份证件数据信息共享和相关应用系统互联互通，争取简化公职人员因公赴港澳审批和签注办理手续。

（四）协调优化大湾区市场监管体系

制定面向港澳的负面清单，进一步推进服务贸易全面自由化，放宽金融、电信、教育、文化等领域的准入、资质和经营范围限制。探索珠三角九市商事登记统一标准、统一规范、统一流程、统一材料、跨城通办，争取在特定区域探索开展外国（地区）企业直接登记制度。发挥内地和港澳银行熟悉各自地区商事登记、税收法务的优势，为港澳企业来粤经营和广东企业赴港澳经营提供代理商事登记、跨境结算、财务顾问等一站式综合服务，降低粤港澳企业的跨境营商成本。推进与公安部门的港澳居民身份信息数据库对接，进一步方便港澳居民在内地办理商事登记业务；加强与港澳地区法律公证文书机构的沟通协作，进一步简化法律公证文书材料，实现粤港、粤澳法律文书互认互通。构建与经济体制改革进程相匹配、与市场经济发展程度相适应的市场监管机制体制，创新事中事后监管，建立健全登记注册、行政审批、行业主管相衔接的市场监管机制。对标全球先进标准和现有标准项目，入库一批、拟定一批支撑和对接大湾区现代产业、先进交通、优质生态等要求的大湾区先进标准，打造大湾区标准品牌。争取实行粤港澳大湾区认证认可机构无须审批，只需备案的机制，全球认证认可机构及其标志均可在大湾区市场上使用；建立粤港澳大湾区认证认可和监管机构，负责筛选达到大湾区标准技术水平要求的认证认可机构的准入，获得认证认可的标准不得低于大湾区标准水平要求。

（五）打造更有竞争力的大湾区内地税收环境

全面落实中央和省各项减税降费政策，实施启运港退税政策，切实减轻企业负担，落实境外人才个人所得税税负差额补贴政策，明确资格审核、补贴发放等程序，降低大湾区工作的境外人才实际税负水平。深入开展税收政策研究，加强地区之间财税政策制定的协调与合作，逐步清除妨碍市场一体化建设的财税奖励政策，争取进一步拉平大湾区内地九市重点领域不一致的政策，避免大湾区内的无序竞争。进一步健全完善或调整财政补贴政策，发挥市场在资源配置中的决定性作用，减少对企业的直接奖励和补贴，加强财税优惠政策合规性审查。

第三节　探索贸易政策公众参与

公众参与理论的先驱谢莉·安斯汀（Sherry Arnstein）（1969）指出“公众参与是一种公民权利的运用，是一种权力的再分配，使目前在政治、经济等活动中无法掌握权力的民众，其意见在未来能有计划地被列入考虑”，她将公众参与分为非参与、象征性参与和实体性参与三类共八个层次，具体参与强度由弱至强递进。我国学者王锡锌（2008）认为公众参与是指“在行政立法和决策过程中，政府相关主体通过允许、鼓励利害相关人和一般社会公众，就立法和决策所涉及的与其利益相关或者涉及公共利益的重大问题，以提供信息、表达意见、发表评论、阐述利益诉求等方式参与立法和决策过程，并进而提升行政立法和决策公正性、正当性和合理性的一系列制度和机制”。公众参与制度构建主要围绕参与主体、参与形式以及参与效果这三大基本要素展开（江国华、梅扬，2017）。推行公众参与有助于提高行政决策科学性和合理性，有助于有关政策措施全面有效实施。从世界范围来看，公众参与的勃兴不仅仅是公民意识的觉醒，更是对自由主义民主理论和西方代议制政府推行的争议性经济和社会政策的修正。

贸易政策公众参与是行政决策公众参与的细分领域，即在制定和出台对外贸易管理所涉及的行政法规、规章和规范性文件过程中，推行政府信息公开，确保多元主体参与，有效有序表达诉求，促进科学决策民主决策依法决策。早在2002年实施的《行政法规制定程序条例》与《规章制定程序条例》都明确在法规规章起草阶段，“应当深入调查研究，总结实践经验，广泛听取有关机关、组织和公民的意见”，对贸易政策的公众参与成为题中之义。贸易政策公众参与能力建设无论在多边贸易体系（张向晨、徐清军、王金永，2019）还是双边贸易谈判中均发挥重要作用，由于贸易政策的实施对维护国家安全、促进产业发展和履行国际义务的特殊意义，它在宏观经济管理领域面临更高的要求也吸引了更多的关注，而不断发酵中的中美贸易摩擦让贸易政策公众参与走入大众视野。

一　中美贸易摩擦背景下贸易政策公众参与

此轮中美贸易摩擦肇始于 2017 年 8 月美国贸易代表办公室（USTR）就技术转让、知识产权和创新领域对中国启动 301 调查，并受到政治、经济、战略和当政者（赵树迪、黄任望，2017）等多重因素的影响和推动（宋国友，2019）。从那时起，贸易政策公众参与就以争取从拟加税清单中排除的方式，在美方出台对华加税措施和中方出台反制措施两个维度进行。

（一）中方参与美国贸易政策制定情况

中国国际商会、中国机电产品进出口商会等国家级商协会是主要参与主体，早在 2017 年 10 月就代表业界参加了在美国举行的 301 调查听证会。2018 年 5 月、7 月、8 月与 2019 年 6 月举行的四场对华 301 调查案贸易制裁措施听证会上（见表 6－4），除了上述商会外，还有中国商业联合会、中国专利保护协会、中国林产工业协会、中国食品土畜产品进出口商会、中国纺织品进出口商会参加，反对加征关税。此外，这些商协会还在国内广泛发动会员企业参与对美方贸易政策评议，通过组织开展书面评议和现场抗辩，成功使部分产品在美方最终出台的加税清单中被排除。例如，中国纺织品进出口商会收集相关企业意见建议，通过 2018 年 8 月 23 日听证会将 PVC 医用手套从 2000 亿美元征税清单上排除。①

企业参与有亮点，但整体参与度不高。前两场听证会都只有一家中国企业申辩发言，分别是浙江医药股份有限公司、中天科技集团，第三场增加到四家，第四场涉案金额最大但只有两家参加。值得注意的是，三一重工、比亚迪分别以在美投资企业的身份提出反对征税意见。浙江医药股份有限公司是国内为数不多积极参与并熟练运用美国程序规则的企业，提交书面评议意见，并在其中三场听证会上进行抗辩，使其出口产品被排除在 340 亿美元清单外，国内精细化工、原料药和制剂产品同时获得 25% 关税豁免。作为行业龙头企业，浙江海盐宇星螺帽有限责任公司联合美国进口商通过公众评议程序提出豁免申请，实现对螺帽征税的排除。②

表 6－4　参加美国对华 301 调查案贸易制裁措施系列听证会的中国背景的机构和个人

<table>
<tr><th>听证会</th><th>参会机构（个人）</th><th>概况</th><th>所在地</th><th>参会日期</th></tr>
<tr><td rowspan="2">第一场听证会（340 亿美元，2018 年 5 月 15—17 日）</td><td>中国商业联合会</td><td>全国性、行业性和非营利性的社会组织，由从事商品生产和流通、饮食、服务业的企业、事业单位、社会组织及从事商品流通活动的个人组成</td><td>北京</td><td rowspan="2">5 月 15 日</td></tr>
<tr><td>中国国际商会</td><td>全国性商会组织，是代表中国参与国际商会（ICC）工作的国家商会</td><td>北京</td></tr>
</table>

① 中国纺织品进出口商会：《美国对华 2000 亿产品征税清单中纺织服装产品排除概况》，中国纺织品进出口商会网站，http：//www. ccct. org. cn/Pub/S/3581/254253. shtml，2018 年 9 月 19 日。

② 《嘉兴一企业积极应对中美贸易摩擦 助中国螺帽逃离美方征税清单》，浙江在线网站，http：//zjnews. zjol. com. cn/zjnews/jxnews/201810/t20181009_ 8435093. shtml，2019 年 10 月 9 日。

续表

听证会	参会机构（个人）	概况	所在地	参会日期
第一场听证会（340 亿美元，2018 年 5 月 15—17 日）	德衡律师集团华盛顿办公室	德衡律师集团在美国华盛顿的分支机构	美国华盛顿特区	5 月 15 日
	中国机电产品进出口商会	全国性、行业性和非营利性的社会组织，由从事机电产品生产和对外贸易及相关活动的各经济类型组织组成	北京	
	易波	东南大学法学院副教授	江苏南京	
	三一重工美国有限公司	三一重工在美全资子公司，主要负责机械生产、销售及物料运输	美国佐治亚州	5 月 16 日
	浙江医药股份有限公司	股份制综合制药企业	浙江绍兴	5 月 17 日
	中国专利保护协会	专注于知识产权领域的全国性、专业性、非营利性社会团体	北京	
第二场听证会（160 亿美元，2018 年 7 月 24—25 日）	易波	同前	江苏南京	7 月 24 日
	中天科技集团	产品涉及信息通信、智能电网、精工装备等，出口 100 多个国家和地区	江苏南通	
第三场听证会（2000 亿美元，2018 年 8 月 20—24、27 日）	江苏贝尔装饰材料有限公司	中国地板生产龙头企业，主要木地板出口商之一	江苏常州	8 月 21 日
	中国林产工业协会	木材加工、人造板和林产化工企业组成的全国性行业社会团体	北京	
	万华化学集团	跨国运营的化工新材料公司，近 1/3 外籍员工	山东烟台	8 月 22 日
	浙江丰岛食品有限公司	全国罐头行业十强企业	浙江绍兴	
	中国食品土畜产品进出口商会	全国性、行业性和非营利性的社会组织，由从事粮油、食品、土产、畜产行业贸易、服务及相关活动的各经济类型组织组成	北京	

续表

听证会	参会机构（个人）	概况	所在地	参会日期
第三场听证会（2000 亿美元，2018 年 8 月 20—24、27 日）	中国国际商会	同前	北京	8 月 22 日
	北京德和衡律师事务所	大型综合商务型律师事务所	北京	
	易波	同前	江苏南京	
	浙江千寻律师事务所	服务中国企业“走出去”	浙江杭州	
	中国纺织品进出口商会	会员企业每年贸易总额约占中国纺织服装进出口额的 70%	北京	8 月 23 日
	浙江医药股份有限公司	同前	浙江绍兴	
第四场听证会（3000 亿美元，2019 年 6 月 17—21、24—25 日）	中国国际商会	同前	北京	6 月 18 日
	浙江千寻律师事务所	同前	浙江杭州	
	BYD Motors	比亚迪在美独资项目，年产 1500 台大巴，占美纯电动大巴 80% 以上市场份额	美国加利福尼亚州	
	中国机电产品进出口商会	同前	北京	
	中国食品土畜产品进出口商会	同前	北京	6 月 20 日
	浙江医药股份有限公司	同前	浙江绍兴	6 月 24 日
	天津金乐驰进出口有限公司	主营货物及技术进出口业务	天津	
	中国纺织品进出口商会	同前	北京	6 月 25 日

资料来源：根据美国贸易代表办公室发布信息整理。

浙江、江苏等东部沿海省市参与成效明显，但多数省市参与不足。其中，浙江各级政府部门通过调研排查、法律服务、专门培训、服务热线等方式多管齐下指导企业应对，省贸促会还在贸促系统中率先以中国国际商会地方商会名义提交反对征税的评论意见。所提交的12个税则号中有两个被成功移除，涉及浙江企业41家、出口额2.4亿美元（根据2017年出口业绩估算），将免征最高6000万美元关税，更惠及全国同类出口企业。[①] 浙江余杭家纺产业协会专门委派中国律师在听证会现场发言，2000亿美元清单中直接涉及余杭家纺产品条目最后被剔除8个，所剔除的本地涉案金额约占涉案总金额1.3亿美元的40%。[②] 江苏贝尔装饰材料有限公司会同中国林产工业协会参加第三场听证会，东南大学法学院副教授易波是国内唯一以个人身份参加听证会的代表。

（二）国内开展贸易政策公众参与情况

对美反制措施融入公众参与元素，政府对部分加征关税措施征求了公众意见。商务部于2018年3月征集国内有关各方对美国进口钢铁和铝产品232措施和我国拟实施的对等报复措施的相关意见和建议。在出台对美500亿美元征税反制产品清单后，政府指出将持续评估各类企业所受影响，反制措施中增加的税收收入将主要用于缓解企业及员工受到的影响。[③] 国务院关税税则委员会根据有关部门、行业协会、企业的意见，将对美加征关税商品清单2的商品作适当调整，删除了部分高端制造业零部件、国内供给不足的农产品和资源性产品。同时，明确对美约600亿美元商品加征关税措施

---

① 浙江省贸促会：《我会成功帮助企业从美国2000亿美元清单中移除征税产品》，中国国际贸易促进委员会浙江省委员会网站，http：//www.ccpitzj.gov.cn/article/8965.html，2019年9月21日。

② 余杭家纺产业协会：《余杭家纺从容应对深度作为中美贸易摩擦》，余杭家纺网，http：//www.yhht.net/newsshow.aspx？artid=7774&classid=8，2019年9月25日。

③ 中华人民共和国商务部：《商务部新闻发言人应询介绍缓解中美贸易摩擦影响有关政策考虑》，中华人民共和国商务部网站，http：//www.mofcom.gov.cn/article/ae/ag/201807/20180702764158.shtml，2019年7月9日。

实施后，有关部门将会同社会各界对措施效果进行评估，力争把措施对我国国内生产生活的影响降到最低。[①]

在借鉴美国做法的基础上，试行开展对美加征关税商品排除工作，这是我国财税体制领域的制度创新。根据有关法律法规规定，制定对美加征关税商品排除工作试行办法、设计专门申请系统，接收各利益相关方的对美加征关税商品排除申请，获批后将暂不加征关税、具备退还税款条件的退还已加征关税税款。[②] 第一批加征关税商品申请期为2019年6月3日至7月5日，第二批商品申请期为2019年9月2日至10月18日，第一批对美加征关税商品第一次排除清单当年9月11日公布。在对美加征关税750亿美元清单公告中，对未纳入前两批可申请排除范围的商品也作出相应安排。[③]

二　贸易政策公众参与的时代要求

贸易政策公众参与增强了行政决策在形式与实质上的合法性，个体利益驱动公众对行政决策的关注和参与，配合政府对评论意见的回应和认可，有效提升公众对具体贸易政策的认同和支持，政府

---

① 国务院关税税则委员会办公室：《国务院关税税则委员会发布公告决定对原产于美国的部分进口商品（第二批）加征关税》，国务院关税税则委员会办公室网站，http：//gss. mof. gov. cn/zhengwuxinxi/gongzuodongtai/201808/t20180803_ 2980949. html，2019年8月3日。

② 国务院关税税则委员会办公室：《国务院关税税则委员会关于试行开展对美加征关税商品排除工作的公告》，国务院关税税则委员会办公室网站，http：//gss. mof. gov. cn/zhengwuxinxi/zhengcefabu/201905/t20190513_ 3256786. html，2019年5月13日。

③ 国务院关税税则委员会办公室：《国务院关税税则委员会办公室有关负责人就对原产于美国的部分进口商品加征关税答记者》，国务院关税税则委员会办公室网站，http：//gss. mof. gov. cn/zhengwuxinxi/zhengcejiedu/201908/t20190829_ 3376564. html，2019年8月29日。

在推行公众参与上花费的成本在后续执行环节也得到弥补。中美贸易摩擦应对，凸显我国现有的贸易政策公众参与途径少、时限短、信息不够透明、缺少反馈机制等不足，不利于提升公众参与的积极性。公众参与在重要性上得到极为突出的强调，但在具体操作上似乎未能找到良好的进路，在最终的效果上仍有较大的提升空间（夏雨，2019）。

（一）制度建设

我国未出台专门规范公众参与行政决策的法律法规，《中华人民共和国立法法》《中华人民共和国行政许可法》《行政法规制定程序条例》和《规章制定程序条例》都涉及了公众参与制度的相关内容，但都是原则性规定，缺乏具体程序保障，适用条件、评议期限、评议方式和意见反馈机制等不明确。2019 年 9 月施行的《重大行政决策程序暂行条例》，规范了决策草案的形成过程包括公众参与、专家论证和风险评估程序等五大法定程序，要求向社会公开征求意见的期限一般不少于 30 日，并规定了听证会的具体程序要求。此外，《中共中央关于全面推进依法治国若干重大问题的决定》《全面推进依法行政实施纲要》和《关于加强法治政府建设的意见》等文件也都把公众参与列入重大行政决策程序。2006 年，广州市政府颁布中国首部规范公众参与行政立法的地方政府规章——《广州市规章制定公众参与办法》，包括随后出台的《广州市重大行政决策程序规定》《广州市重大行政决策听证试行办法》等规章，将公众参与纳入重大行政决策的法定程序。《重庆市政府重大决策程序规定》《江西省县级以上人民政府重大行政决策程序规定》和《湖南省行政程序规定》等对公众参与作出相应规定。

具体到贸易政策公众参与，《对外贸易法》中未出现相关内容，仅明确对外贸易“调查可以采取书面问卷、召开听证会、实地调查、委托调查等方式进行”。各地政府关注到对美国贸易政策公共参与，但指导企业开展评议、参与听证力度不够大、措施不够实，导致多数出口企业缺位；对自美国进口产品的研究还不够，公众对我国出台对美加征关税清单的参与也有限。比较中国与美国的加征关税排除程序，中国的排除申请期较短，其中，第一批商品的申请期为 33 天，第二批商品的申请期为 37 天，美国的排除申请期一般为 90 天。此外，“对美加征关税商品排除工作试行办法”并无设计公众评论及利害关系方回应的相关程序，只表明主管部门将对申请进行审核，听取各方面意见，并按程序制定、公布排除清单。

（二）参与主体

针对 301 调查涉案企业的培训力度不足，面对美方加征关税措施，中国企业有畏难情绪，不敢不愿去参与美国贸易政策评议和申请豁免，造成活跃在公众参与前沿的是国家级商协会，这与美国以企业为主体的参与格局不尽相同。本书认为，中国的行业商协会与企业在中美贸易摩擦背景下的贸易政策公众参与角色与功能，更多是互补而不能相互替代。一方面，官办行业商协会具备“官民二重性”属性（刘艳丽、徐晓新，2019），在推动公众有序参与决策方面具备天然优势，但其“准政府”状态决定了工作目标更多是自上而下驱动，难以成为会员企业的真正利益代表。另一方面，“中国并没有出现具有国家控制力之外的、体制外的、自主的中介团体或社会力量”（张华，2015）。再观察国内的公众参与情况，往往对参与者缺乏界定和保障，甚至出现由行政机关直接决定谁来参与，很多时候受邀的是并非利益相关、但与政府部门立场相近的专家代表，还有规模大、组织性强的企业及部门利益代表者。导致社会各界对我国试行加征关税商品排除申请工作的认识不够、申请不够积极，第一批约1000份的申请总量与美方相比有差距。广东省在全国率先提出贸易政策公众参与的理念，2005—2006年省内机构通过全球竞标获得英国外交部“全球机遇基金”资助开展“贸易政策公共参与”项目，提升企业和行业协会参与贸易政策制定的能力，提高政府对公众参与过程管理的能力（尚千琳，2006）。相关项目的开展启蒙了贸易政策公众参与理念，但成效主要体现在完善应对贸易摩擦“四体联动”工作机制，公众实质参与政策制定仍不够。面对中美贸易摩擦不同于以往“两反一保”贸易救济案件的程序规则，相关工作机制显然未能充分发挥作用。

（三）参与方式

多元化的参与形式为不同利益相关者服务，能有效提升参与效果，特别是互联网技术的运用。公众参与是美国贸易政策制定的法定环节，随着经济全球化、社会信息化，它的形式在不断更新，方法更趋于灵活，成效也显而易见。目前我国各级政府政策文件、行政规章出台多是部门起草并推动的结果，行政决策公众参与并不充分，企业反映诉求的渠道一般是座谈会、问卷调查、接待调研，互动性差、约束力小。不少政策如市场多元化、产能合作、改善营商环境，解决的是对外开放的普遍性问题，而不是美国市场的特殊性问题。从实践看，行政法规和部门规章征集公众意见的时间并无定数，囿于专业背景和利益相关度，多数法规规章的公众参与度不高。有学者认为，中国现阶段的公众参与还不是真正的公众参与，政府仍独享决策权（李国旗，2015）。监督与救济是保障参与效果的重要一环，美国《联邦行政程序法》不但规定了行政立法的基本程序，还通过司法审查条款确保公众参与的有效实施。中国现有贸易政策公众参与缺乏回应机制设计，没有对公众参与的救济路径。比如，商务部网站专设“征求意见”栏目，包括政策法规、混委会、规划编制、标准、其他征求意见等内容，但由于形式单一、参与度低，公众提交的意见不多。

（四）信息公开

公众参与不能只单向提供或接收信息，主体参与的效果要在不断的信息交流和博弈中实现。采取过程性信息“互动式”公开，是公众参与行政决策、官民互动和技术理性工具的结合（姚坚，2018）。在出台对华加征关税政策时，美国政府除了公布政策内容和背景信息外，还同步公众参与的进度，在书面评议环节公布各界提交的评论意见全文，在公开听证环节公布听证会日程和全部证词，在产品排除环节更新产品豁免情况和申请审查状态。过程性信息因其并不完整成熟，在我国信息公开立法中是免于公开的。“告知式”信息公开已成常态，而“互动式”信息公开与公众参与息息相关，目前仍存在很大改进空间。我国对美各项贸易政策草案公布时，提供的背景资料不足；缺失具体参与个体的信息及其意见建议，比如商品排除清单未同时公布申请企业及其申请豁免理由，其他各方也无从进行评论。

中国推进贸易政策公众参与体系建设要在互学互鉴、开放合作中走向完善。首先，把握三个特征。一是涉外性。进出口贸易活动构筑了一个庞大的生态圈，贸易政策公众参与不仅涉及东道国的各环节生产商、流通商、消费者和政府，也包括目标国的相应主体，甚至包括第三国（转口地、离岸贸易）的参与主体。二是双向性。贸易政策公众参与不仅是各利益主体向行政机关提供信息、帮助决策的单向度，还应包括行政机关对参与方的信息反馈和第三方效果评估。行政决策向公众参与开放是前提，把公众“嵌入”传统行政决策体制机制中是保障，从而构建“开放→嵌入→互动”过程模型（刘小康，2017）。从程序性参与演变为实体性参与，成为各方利益交涉、形成公共意志的过程。三是公共性。贸易政策公众参与的主导方是公共权力机关，要决策的是与公众利益密切相关的贸易政策，而最终要实现的目标是公众利益最大化。据媒体报道，第一批对美加征关税商品第一次排除清单中的虾苗、紫苜蓿、抗癌药等排除商品呼应了公众呼声，突出了缓解企业困难和“保民生”取向。①

其次，处理好两种关系。一是整体与局部的关系。贸易政策的制定必然以国家整体利益为优先考虑，但不忽略对局部、个体利益的关注。贸易政策带来的不是零和游戏，重在通过制度设计，适时调整优化政策，促进资源高效配置，并合理补偿受损方的利益。二是强化与泛化的关系。贸易政策的制定需要倾听利益攸关方的呼声和诉求，保障企业和产业发展空间、维护消费者合法权益，但也要避免概念泛化，被大众舆论所左右，被所谓民意所挟裹，过度的公众参与也会影响决策效率。

三　主要思路和建议

本书认为，我国贸易政策公众参与总体情况尚不能适应中美贸易摩擦应对和构建开放型世界经济的要求，国家层面缺乏成熟的制度安排，各地方还缺少官方或半官方机构有组织有计划地发动企业

① 曲哲涵：《“排除清单”为企业减压》，《人民日报》2019 年 9 月 12 日第 3 版。

参与贸易政策评议，与各国家级商协会、各专精于国际贸易救济业务的律所交流合作不够紧密，企业参与美国贸易政策公众评议更缺乏资金、法律服务、技术等方面的支持。故中国企业提交自美进口加征关税商品排除申请不够踊跃，主动联络美国利益相关方协同应对得不多，通过美国公众参与渠道提交书面意见或直接在听证会上抗辩的不多，导致通过公众参与实现产品从加税清单中移除的案例稀少。

中美贸易摩擦长期性和复杂性远超以往，通过贸易政策公众参与营造共建共治共享社会治理格局，有利于形成长效应对机制。即便在美国，行政决策的公众参与也是不均衡的，涉及面广、争议性强的政策更受人关注。显然，探索在自由贸易港区域内以贸易政策为试点开展公众参与，更容易达成共识，形成突破。从短期看，参与美方贸易政策公众评议成为维护中国出口企业利益的重要程序机会，是在美国现行实体和程序规则中争取减少损失的可行路径。

一是要加强宣传培训。组织专业化培训，包括提交评议意见、参与听证会的途径、程序和要求，指导其联系美国进口商开展游说和申请产品排除。同时，宣传我国开展对美加征关税商品排除工作相关政策，鼓励企业根据生产经营需要向相关部门申请对自美进口加征关税商品进行排除，保护自身合法权益。二是要熟悉美国的话语体系。出口企业要联合美国进口商、下游产业、最终用户及商协会，展开公关游说、进行舆论宣传，从产品不可替代性及影响美国经济福利的角度提出反对加征关税的理由。三是要加强预警分析。充分利用海关、商务、贸促部门的经贸摩擦预警网络，加强对出口美国重点产品、重点区域的分析研判，突出事先预警、事中应对、事后引导，建立重点涉征税企业分级联系跟踪机制和贸易风险企业清单。四是要提供保障措施。现有各项扶持政策应向 301 调查涉案企业倾斜，支持企业聘请专业律师，支持企业赴美进行游说活动、直接参与案件听证会。

从中长期看，应强化建章立制，构建良好外部发展环境和内部政策环境，加快推进贸易政策公共参与，不断提高贸易政策透明度，从而凝聚内部共识、回应外界关切，推动改革开放再出发。

一是完善有关法律法规。推动制定统一的行政程序法，贯彻执行《重大行政决策程序暂行条例》，规范公众参与条件、方式、信息发布、交流互动形式、听证会准备程序、听证程序及听取意见的后续处理等。建议配套修订《中华人民共和国对外贸易法》和《中华人民共和国进出口关税条例》，增加有关保障贸易政策公众参与的条文，在加征关税等重要贸易政策出台过程中必须征求公众意见。二是申请在广州自由贸易港率先开展贸易政策公众参与试点。一方面，此次中美贸易摩擦沿海省市受损企业多、受损金额大，企业参与意愿强。另一方面，沿海省市有先期开展贸易政策公共参与的具体实践，还有自贸试验区和综保区等重要平台。以此次积极参与美国对华加征关税公众评论的企业和行业协会为主体，加强能力建设，引入通告—评论程序、听证会、协商制定、专家咨询委员会等形式，把“四体联动”工作机制从公平贸易领域扩展到其他贸易政策相关领域，参与制定贸易相关法规、规章、规范性文件，为多边、双边或区域性贸易谈判提供支持等。三是扩大政府信息公开。2019 年修订的《中华人民共和国政府信息公开条例》明确“以公开为常态、不公开为例外”的原则，但过程性信息可以不予公开。贸易政策制定特别是本次中美贸易摩擦应对与社会大众息息相关，需要降低信息不对称，为公众表达和主张权利提供渠道。完善国家信息公开制度体系，推进决策信息特别是过程性信息公开，使公众更全面了解政策制定的背景、依据、主要目标等，增强公众参与行政决策的覆盖面和代表性，完善公众利益表达和意见整合机制（沙勇忠、赵润娣，2015）。四是完善贸易调整援助（Trade Adjustment Assistance）机制。结合中美贸易摩擦应对将贸易调整援助从关注“关税减让”影响扩展至“关税调整”影响。从自贸试验区试点向全国复制推广，从援助企业扩大范围至其他主体，形式上不但有技术援助还要有融资支持。

第四节　加强与“一带一路”沿线重点国家交流合作

党的十九大报告指出，要主动参与和推动经济全球化进程，发展更高层次的开放型经济，推动形成陆海内外联动、东西双向互济的全面开放新格局。这是对十八届五中全会“打造陆海内外联动、东西双向开放的全面开放新格局”提法的强调和升华。在新时代推动形成全面开放新格局，对广州参与“一带一路”建设，粤港澳大湾区中心城市发挥好核心引擎辐射带动作用提出了更高要求。

一　参与“一带一路”建设的再定位

“一带”与“一路”各有所侧重，比较优势也不尽相同，这就要求在推进过程中必须要全局统筹、协同发展、互为支撑。随着“一带一路”倡议的全面推动，很多省市积极融入建设，但还存在与“一带一路”沿线国家合作规模小、范围窄的问题，缺乏高端的

“一带一路”合作载体作为抓手和引领，也缺乏辐射带动周围省市参与“一带一路”建设的主要举措。作为我国“海上丝绸之路”的起点和千年长盛不衰的港口，广州把重心放在了21世纪海上丝绸之路建设上，对丝绸之路经济带建设的参与度还不够。一方面，广州参与“一带一路”建设的顶层设计聚焦于海上丝绸之路。2015年3月国家发布的《推动共建丝绸之路经济带和21世纪海上丝绸之路的愿景与行动》与6月份广东省发布的《广东省参与建设“一带一路”的实施方案》，分别对“一带一路”战略进行总体谋划和全面部署，广东提出要打造“一带一路”的战略枢纽、经贸合作中心和重要引擎。根据广州市2015年10月份发布的《推进21世纪海上丝绸之路建设三年行动计划（2015—2017年）》，只提出要把广州建成21世纪海上丝绸之路核心枢纽、对外交往中心、国际区域合作新模式试验区，直到2018年5月出台的《广州市参与国家“一带一路”建设三年行动计划（2018—2020年）》才提出将广州打造成为“一带一路”建设的重要枢纽城市。另一方面，合作成效主要体现在海丝沿线国家和地区，在丝绸之路经济带上缺少重大合作项目和合作平台。比如，广州的主要贸易投资合作伙伴多来自东亚、东南亚和欧盟，2016年8月广州才开通“中欧班列”。反观同样作为沿海城市的宁波，以承办“中国—中东欧国家博览会”为契机和抓手，积极主动参与国家“一带一路”战略，不断促进中国与中东欧国家之间的经贸合作与民间往来，“桥头堡”作用日益凸显。

俄罗斯是迄今唯一与我国建立全面战略协作伙伴关系的大国，也是对“一带一路”持积极参与态度的沿线国家之一。中俄两国从建立“平等信任、面向21世纪的中俄战略协作伙伴关系”到“平等信任、相互支持、共同繁荣、世代友好的中俄全面战略协作伙伴关系”，再到“中俄全面战略协作伙伴关系新阶段”，双边关系不断提升。中俄正全面推动“一带一路”建设同欧亚经济联盟对接，双边合作由经贸领域向全方位合作转变、由边境地区合作向与非毗邻地区合作延伸转变。2018 年东方经济论坛期间举办的中俄地方领导人对话会，由广东等 9 个省区主要负责人和来自俄罗斯 13 个联邦主体负责人参会，是历来双方出席级别最高、规模最大的一次地方交流活动。

面临新形势与新要求，加强广州与俄罗斯务实合作具有重要意义。一是有利于落实习近平总书记对广东工作的重要指示和要求。推动对俄务实合作，有助于提高广州在国际交流合作中的话语权和影响力，在服务国家战略大局中拓展对外开放空间、赢得新发展机遇，加快构建具有更强竞争力和自主性的开放型经济新体制。二是有利于打造“一带一路”建设重要支撑区。基于自身地缘人缘优势，广州参与“一带一路”的合作成效主要体现在海丝沿线。以加强对俄合作为突破口，推动与“一带”沿线国家和地区加强基础设施、能源资源、经贸、人文科技等领域务实合作，有利于构筑丝绸之路经济带和 21 世纪海上丝绸之路对接融汇的重要支撑区，强化《粤港澳大湾区发展规划纲要》赋予的重要功能定位。三是有利于以地方合作充实中俄全面战略协作伙伴关系内涵。当前，中俄地方合作机制运转卓有成效，辐射效应日益显现，为丰富两国关系内涵和推进双边合作发挥了积极作用。2018 年和 2019 年是中俄“地方合作年”，广州全面参与中俄各领域的对接合作，将为双边关系的巩固和深化提供地方支撑。

二　加强对俄合作的可行性与现实基础

（一）中俄关系发展势头向好

近年来，在两国元首的亲自引领和推动下，中俄关系达到历史最高水平。2019 年 6 月初习近平主席访俄期间，双方宣布发展新时代全面战略协作伙伴关系，携手构建新型国际关系和人类命运共同体。中俄两国经济结构差异明显，决定了中俄经贸关系具有高度互补性和长期依存性。近年来，俄加快“向东看”步伐，对华经贸合作意愿更加迫切和强烈，中俄全面推动“一带一路”建设同欧亚经济联盟对接，双边贸易额正在从 1000 亿美元向 2000 亿美元迈进。中国连续十年保持俄第一大贸易伙伴，是远东地区最大外资来源国，俄罗斯是中国最大原油、电力进口来源国和第五大煤炭进口来源国。中国石油天然气集团有限公司和中国丝路基金参与投资的亚马尔液化天然气项目一、二、三期顺利运转，中俄东线天然气管道将按期向中方供气，中俄原油管道二线正式运营。双方在数字经济、跨境电商、中小企业、远东开发、北极开发等新兴领域合作势头强劲。中国连续多年是俄最大外国游客客源国，双方留学生总人数正向 10 万人规模迈进。

（二）两国区域合作渐入佳境

地方间合作成为双边关系新亮点，2018—2019 年中俄地方合作交流年活动异彩纷呈，海参崴东方经济论坛、圣彼得堡国际经济论坛和中俄轮流主办的中俄博览会等平台为深化地方政府间合作，丰富两国关系内涵和推进双边合作发挥了积极作用。两国频繁的高层互访明确和深化了地方合作，从 2013 年至今的历次中俄总理定期会晤联合公报均明确提及。2019 年，习近平主席在中俄建交 70 周年纪念大会上强调，要充分发挥地方互补优势，不断提升两国合作自身价值和内生动力。《中俄关于发展新时代全面战略协作伙伴关系的联合声明》指出，要扩大中俄地方交流，研究建立并运行新的地方合作平台。2009 年 11 月，《中华人民共和国东北地区与俄罗斯联邦远东及东西伯利亚地区合作规划纲要（2009—2018 年）》批准实施标志着两国地方合作正式拉开序幕。2013 年 5 月，中俄签订《长江中上游地区与伏尔加河沿岸联邦区开展合作的议定书》，合作范围包括四川、重庆、湖北、湖南、江西、安徽 6 省（市）及俄罗斯伏尔加河沿岸联邦区 14 个联邦主体，开辟了两国非毗邻区域合作新模式。2014 年，中俄友好、和平与发展委员会促进地方友好交流分委会改组为地方合作理事会，成为中俄友好、和平与发展委员会下设的 14 个理事会之一。

（三）广州与俄方优势互补

俄罗斯自然资源丰富，矿产和能源资源储量世界第一，是最大的石油和天然气输出国，工业、科教、人才力量雄厚，石油天然气工业、黑色和有色金属冶炼、机械制造、化工、林业和木材加工产业发达。广州发挥粤港澳大湾区核心增长极作用，正全力打造现代化经济体系，构建以战略新兴产业为引领、现代化服务业为主导、先进制造业为支撑、都市型现代农业为补充的现代产业体系。加强对俄合作，可以弥补广州在能源资源、重工业等领域的短板，也为对方提供电子信息、人工智能、生物科技、纺织服装等行业的发展经验，弥补其资金不足、提供市场空间。双方可开展能源化工、机械制造、生物技术、物流、食品加工等领域合作，扩大文化、教育、旅游领域交往。

（四）广东（广州）对俄合作基础扎实

近年来广东对俄保持贸易顺差，2018 年，广东与俄罗斯进出口总额 92.3 亿美元，增长 25.6%，占全省对外贸易额的 0.9%，占中国与俄罗斯贸易额的 8.6%。其中，出口 86.4 亿美元、增长 24.9%，进口 5.9 亿美元、增长 36.7%。机电产品是广东对俄出口主要产品，主要出口商品包括电视机、自动数据处理设备及其部件、彩色电视机等。能源和原材料是广东自俄进口的主要产品，主要进口产品包括煤及褐煤、未锻造的铝和铝材、纸浆等。中俄贸易产业园 2015 年落户广东东莞，成为俄罗斯在中国第一家出口商品和原材料综合性贸易中心。广东境内共有东莞石龙、广州大朗、深圳盐田港 3 个站开行途径俄罗斯的中欧班列。广东全省与俄方正式缔结友城关系 9 对，其中省级友城 2 对，包括广东省与哈巴罗夫斯克边疆区、圣彼得堡市。广东与圣彼得堡建立联合工作组机制，双方在经贸、投资、旅游、交通、文化体育等方面进行了富有成效的交流。广州在中俄经贸往来、文化旅游等各方面交流合作中扮演重要角色。2018 年，广州与俄罗斯进出口总额 14.1 亿美元，同比增长 10.5%。其中，对俄出口 12.0 亿美元，增长 6.0%；自俄进口 2.1 亿美元，增长 45.9%。广州市与叶卡捷琳堡市、喀山市等缔结友城关系，二者都是俄联邦区中心城市，是俄重要交通枢纽、工业基地和科教中心。

三　主要思路和建议

（一）推动建立地方合作机制

“东北—远东”“长江—伏尔加河”两大区域性合作机制运转

有效，鄂毕河—叶尼塞河—勒拿河—黄河“四河机制”也在拟议中，但现有区域性合作机制尚存短板。一是内生动力不足，合作力有不逮。俄远东与我国东北地区为各自国家倾斜发展的区域，俄伏尔加河沿岸联邦区与我国长江中上游六省市为各自国家中等发展水平的区域，对外投资合作能力也不突出。《中国东北地区与俄罗斯远东及东西伯利亚地区合作规划纲要（2009—2018 年）》实施不尽如人意，《中俄在俄罗斯远东地区合作发展规划（2018—2024 年）》转为单向引导中企赴俄远东地区投资。二是参与主体众多，缺少统筹协调。“东北—远东”合作机制包括俄远东联邦区 11 个联邦主体与中方 4 省区，“长江—伏尔加河”包括俄伏尔加河沿岸联邦区 14 个联邦主体与中方 6 省市，使得协调难度加大，一致行动成本高。各省市对俄合作热情很高，但产业对接领域趋同与具体合作思路冲突同时存在，俄方也存在类似问题。三是经贸合作滞后，难以形成支撑。地方层面经贸合作落后于人文交流，经贸合作以产业间贸易为主，缺少大企业、大项目带动。① 2018 年，长江中上游六省市对俄贸易额接近 49 亿美元，占中俄贸易额不到 5%。

鉴于俄罗斯乌拉尔联邦区②是俄中部地区对外开放、中俄贸易及地方合作快速发展的地区，其与广东及华南地区经济有很强的互补性，并表现出很高的对华合作积极性。其中，斯维尔多洛夫斯克州工业产值排名全俄第二，秋明州经济社会发展指数和投资新引力位居前列，汉特—曼西自治区是俄最大石油产地，亚马尔—涅涅茨

---

① 张凡：《中俄多领域合作　共推贸易额再上层楼》，《中国贸易报》2019 年 6 月 27 日第 3 版。

② 俄罗斯乌拉尔联邦区包含 6 个联邦主体，包括斯维尔德洛夫斯克州、车里雅宾斯克州、库尔干州、秋明州、汉特—曼西自治区、亚马尔—涅涅茨自治区，其综合实力仅次于中央联邦区。

自治区天然气储量世界第一。发挥广州与叶卡捷琳堡作为各自区域中心城市的重要作用，争取以华南诸省区（广东省、广西壮族自治区、海南省、香港特别行政区、澳门特别行政区）为中方合作主体，与俄乌拉尔联邦区建立合作机制。有利于完善合作区域布局，形成中方“北、中、南”与俄方“东、中、西”区域的全覆盖。有利于创新合作模式，乌拉尔联邦区在资源能源、重工业领域领先，粤港澳大湾区在科技创新、金融、战略新兴产业发展方面走在前列，并且市场经济发达、对外贸易投资活跃。

（二）提升投资贸易合作水平

经贸关系是两国关系的压舱石，双方高水平的政治交往要转化为实实在在的合作成果，要让普通民众有感，同时通过民心相通工程巩固提升之。广东外向型企业依托区位特征、港口优势和以往合作基础，与东南亚及欧美等经贸往来频繁，但俄距离较远且政策环境缺少竞争优势，企业缺乏对俄投资、市场营销经验以及俄语人才，与俄罗斯的文化交流和融合少，未能成为大多数企业目标市场。对俄经贸合作主要为简单货物贸易往来，对俄投资活动受政府间往来影响大，民间投资积极性不高，双方中小企业缺乏了解信任，合作关系较脆弱。应秉承利益分享、命运共同的理念，不断寻找中俄双方利益交会点，不能预期太高、承诺过多，要稳步推进，重在项目落实。

既要深化能源、农林、商贸物流等传统领域合作，更要把重心放到资源精深加工、先进装备制造、高科技产业等新兴领域。俄政府将远东开发作为国家优先战略，密集出台社会经济跨越式发展区、自由港、国家扶持投资项目等系列政策措施，为远东经济发展创造了前所未有的有利条件。积极参与中俄能源、基础设施建设等领域大项目，支持广州轻工纺织、电子通信、家电家具、建材、汽车与机械制造以及数字经济方面的企业投资俄罗斯远东超前发展区、符拉迪沃斯托克自由港建设，同时也吸引俄方企业到自贸港投资。要同步提升对俄贸易规模和质量，策划举办系列专场推介会，继续扩大俄石油、煤炭等能源产品以及粮食、肉类、水海产品等产品进口，并扩大电子信息、纺织服装等商品出口，推动双方贸易平衡可持续发展。探索"两国双园"科技园，吸引俄创新资源参与广深港澳科技创新走廊建设。研究在俄运营境外经贸合作区，发展电子商品加工制造和汽车组装生产。鼓励有需求、有实力的企业在俄设立研发中心，协助企业在对方地区建立商品展销中心、电商仓储物流中心等平台和服务体系，积极发展"丝路电商"，鼓励企业在俄开展电子商务，开展大数据、云计算、人工智能等服务。

（三）强化基础设施互联互通

俄罗斯是中欧班列的主要途径地和目的地，开行中欧班列不能简单以盈利与否来衡量，应看重其拉动地方经济发展和带动对外开放的效应。一方面，俄内陆各区域致力于发展国际经贸往来，但离出海口较远；另一方面，国内中欧班列的货源一半来源于广东。广州要积极引导中欧班列运营企业在加大开行密度、提升市场化运作水平上下功夫；充分利用广东的货源优势，在开展散货集拼进出口、大宗商品进出口、市场采购贸易等方面下功夫；充分利用广州的区位优势，在探索海铁、空铁联运方面下功夫。加快建设广东国际铁路产业经济区，综合布局大田集装箱铁路货运站场，争取实现中欧班列与俄叶卡捷琳堡、车里雅宾斯克等城市双向对开，开拓经二连浩特至蒙古、俄罗斯及欧洲方向的中部通道。开通更多两地直航班机，包括广州与叶卡捷琳堡、新西伯利亚的直航航班，构建全方位国际物流大通道。参与冰上丝绸之路，包括北极东北航道和北极开发两个重点领域。

（四）善用国际国内合作平台

一方面，重视发展广州与叶卡捷琳堡、喀山的友城关系，以城地组织（UCLG）、广州国际城市创新奖等平台和载体加强交流合作。另一方面，积极利用广东与黑龙江省、广州与齐齐哈尔市的对口合作关系，携手推动对俄合作。按照国务院关于振兴东北的系列部署和《国务院办公厅关于印发东北地区与东部地区部分省市对口合作工作方案的通知》，黑龙江省与广东省建立对口合作关系。黑龙江省与俄远东地区在近3000千米边境线上隔江相望、水陆相连，在沿边地区拥有4个边境经济合作区、10个互市贸易区及绥东国家级开发开放试验区等对俄合作前沿基点，沿江、沿边、沿线对俄外开放的地缘优势得天独厚，正在构建以对俄合作为重点的对外开放新格局，广州可依托粤黑两省合作机制加强对俄合作，在中俄边境共建产业园或引导广州企业到黑龙江省在俄建设的境外经贸合作园区投资建厂，推动共建港口、铁路、公路等重大基础设施，共同开拓俄罗斯市场，协同推进“一带一路”建设。每年有大批俄罗斯客商来广东参加广交会、高交会、中博会等展会，广东也积极组织企业参加中国—俄罗斯博览会，可借助粤黑对口合作机制探讨将中俄博览会部分环节或功能设置在广州，与广交会、中博会等形成互动。

（五）重视俄营商环境研究

预估欧美对俄罗斯的制裁在短期内难以取消，俄经济社会发展仍面临诸多困难，宏观经济低迷影响购买力。同时，政府决策效率低，合作项目推进拖沓。高税制、税制复杂，还存在行政管理不透明、产业配套不足、人工成本偏高等诸多风险。受历史等因素影响，俄一些人士对发展对华务实合作持复杂心态，作为俄经济后发地区的远东地区投资风险更需规避。一是研究俄区域规划，包括《远东和贝加尔地区 2025 年前社会经济发展规划》《中俄在俄罗斯远东地区合作发展规划（2018—2024 年）》等。二是研究俄产业政策，特别是关于俄远东跨越式发展区、符拉迪沃斯托克自由港区的法律法规。三是研究各地方政府政策，包括行政管理体制、法律法规、人文等，各联邦主体在其辖区内都享有一定自治权力，共和国还可制定自己的宪法。同时，通过推动人文旅游领域交流合作营造合作氛围，依托广东省与黑龙江省对口合作机制充分利用两省地域风貌差异大的特征和旅游消费者“追新求异”心理，推动两省重点旅游服务企业对接，承办中俄地方合作高峰论坛，组织丝绸之路经济带建设对接欧亚经济联盟学术研讨会等。

结　　语

党的十九大报告指出要“探索建设自由贸易港”，助力形成全面开放新格局。自由贸易港定位全面开放的新高地，既有引领新一轮全球化进程、建设开放型世界经济的需要，也有国内构建现代化经济体系、培育发展新动能的现实考虑。广州作为国家中心城市和粤港澳大湾区极点城市之一，在落实习近平总书记视察广东重要讲话精神，推动“四个出新出彩”，实现老城市新活力方面肩负重要使命。在此背景下研究广州建设自由贸易港具有重要理论和现实意义。从国际自由贸易港发展经验看，精准化功能定位、便利化监管体系、集约化管理模式、协同化临港产业、离岸化金融服务、立体化集疏运系统、差异化税收安排和法治化营商环境等方面值得广州借鉴学习，同时也要以脱离现实基础发展的反面案例为镜鉴。从广州自身的条件分析，南沙自贸片区的改革创新为申建自由贸易港作了制度探索、人才储备，广州还具备地理位置优越、枢纽优势增强、经济腹地广阔等优势。面对重要战略机遇和国际国内竞争的全新挑战，如何破解国际流量不足、高端服务不足、工作机制不足和政策保障不足成为当务之急。广州应建设海港、空港、陆港、信息港四位一体、协同发展的新时代中国特色自由贸易港，打造全球贸易投资主要通道、“一带一路”建设重要节点、粤港澳大湾区核心增长极，成为开放层次更高、营商环境更优、辐射作用更强的最高水平对外开放门户枢纽。具体建设方面，统筹推进口岸监管、金融创新、产业规划、基础设施、综合信息平台、集约管理体制、配套财税政策和事中事后监管等。未来，结合广州的特点和优势，寻求在多式联运、法治保障、公众参与和“一带一路”沿线合作等方面重点突破，进一步增强对外开放的自主性。

附　　录

海南自由贸易港建设总体方案

海南是我国最大的经济特区，具有实施全面深化改革和试验最高水平开放政策的独特优势。支持海南逐步探索、稳步推进中国特色自由贸易港建设，分步骤、分阶段建立自由贸易港政策和制度体系，是习近平总书记亲自谋划、亲自部署、亲自推动的改革开放重大举措，是党中央着眼国内国际两个大局，深入研究、统筹考虑、科学谋划作出的战略决策。当今世界正在经历新一轮大发展大变革大调整，保护主义、单边主义抬头，经济全球化遭遇更大的逆风和回头浪。在海南建设自由贸易港，是推进高水平开放，建立开放型经济新体制的根本要求；是深化市场化改革，打造法治化、国际化、便利化营商环境的迫切需要；是贯彻新发展理念，推动高质量发展，建设现代化经济体系的战略选择；是支持经济全球化，构建人类命运共同体的实际行动。为深入贯彻习近平总书记在庆祝海南建省办经济特区30周年大会上的重要讲话精神，落实《中共中央、国务院关于支持海南全面深化改革开放的指导意见》要求，加快建设高水平的中国特色自由贸易港，制定本方案。

一　总体要求

（一）指导思想

以习近平新时代中国特色社会主义思想为指导，全面贯彻党的十九大和十九届二中、三中、四中全会精神，坚持党的全面领导，坚持稳中求进工作总基调，坚持新发展理念，坚持高质量发展，统筹推进“五位一体”总体布局，协调推进“四个全面”战略布局，对标国际高水平经贸规则，解放思想、大胆创新，聚焦贸易投资自由化便利化，建立与高水平自由贸易港相适应的政策制度体系，建设具有国际竞争力和影响力的海关监管特殊区域，将海南自由贸易港打造成为引领我国新时代对外开放的鲜明旗帜和重要开放门户。

（二）基本原则

——借鉴国际经验。坚持高起点谋划、高标准建设，主动适应国际经贸规则重构新趋势，充分学习借鉴国际自由贸易港的先进经营方式、管理方法和制度安排，形成具有国际竞争力的开放政策和制度，加快建立开放型经济新体制，增强区域辐射带动作用，打造我国深度融入全球经济体系的前沿地带。

——体现中国特色。坚持党的集中统一领导，坚持中国特色社会主义道路，坚持以人民为中心，践行社会主义核心价值观，确保海南自由贸易港建设正确方向。充分发挥全国上下一盘棋和集中力量办大事的制度优势，调动各方面积极性和创造性，集聚全球优质生产要素，着力在推动制度创新、培育增长动能、构建全面开放新格局等方面取得新突破，为实现国家战略目标提供坚实支撑。加强与东南亚国家交流合作，促进与粤港澳大湾区联动发展。

——符合海南定位。紧紧围绕国家赋予海南建设全面深化改革开放试验区、国家生态文明试验区、国际旅游消费中心和国家重大战略服务保障区的战略定位，充分发挥海南自然资源丰富、地理区位独特以及背靠超大规模国内市场和腹地经济等优势，抢抓全球新一轮科技革命和产业变革重要机遇，聚焦发展旅游业、现代服务业和高新技术产业，加快培育具有海南特色的合作竞争新优势。

——突出改革创新。强化改革创新意识，赋予海南更大改革自主权，支持海南全方位大力度推进改革创新，积极探索建立适应自由贸易港建设的更加灵活高效的法律法规、监管模式和管理体制，下大力气破除阻碍生产要素流动的体制机制障碍。深入推进商品和要素流动型开放，加快推动规则等制度型开放，以高水平开放带动改革全面深化。加强改革系统集成，注重协调推进，使各方面创新举措相互配合、相得益彰，提高改革创新的整体效益。

——坚持底线思维。坚持稳扎稳打、步步为营，统筹安排好开放节奏和进度，成熟一项推出一项，不急于求成、急功近利。深入推进简政放权、放管结合、优化服务，全面推行准入便利、依法过程监管的制度体系，建立与国际接轨的监管标准和规范制度。加强重大风险识别和系统性风险防范，建立健全风险防控配套措施。完善重大疫情防控体制机制，健全公共卫生应急管理体系。开展常态化评估工作，及时纠偏纠错，确保海南自由贸易港建设方向正确、健康发展。

（三）发展目标

到 2025 年，初步建立以贸易自由便利和投资自由便利为重点的自由贸易港政策制度体系。营商环境总体达到国内一流水平，市场主体大幅增长，产业竞争力显著提升，风险防控有力有效，适应自由贸易港建设的法律法规逐步完善，经济发展质量和效益明显改善。

到2035年，自由贸易港制度体系和运作模式更加成熟，以自由、公平、法治、高水平过程监管为特征的贸易投资规则基本构建，实现贸易自由便利、投资自由便利、跨境资金流动自由便利、人员进出自由便利、运输来往自由便利和数据安全有序流动。营商环境更加优化，法律法规体系更加健全，风险防控体系更加严密，现代社会治理格局基本形成，成为我国开放型经济新高地。

到本世纪中叶，全面建成具有较强国际影响力的高水平自由贸易港。

（四）实施范围。海南自由贸易港的实施范围为海南岛全岛。

二　制度设计

以贸易投资自由化便利化为重点，以各类生产要素跨境自由有序安全便捷流动和现代产业体系为支撑，以特殊的税收制度安排、高效的社会治理体系和完备的法治体系为保障，在明确分工和机制措施、守住不发生系统性风险底线的前提下，构建海南自由贸易港政策制度体系。

（一）贸易自由便利。在实现有效监管的前提下，建设全岛封关运作的海关监管特殊区域。对货物贸易，实行以“零关税”为基本特征的自由化便利化制度安排。对服务贸易，实行以“既准入又准营”为基本特征的自由化便利化政策举措。

1. “一线”放开。在海南自由贸易港与中华人民共和国关境外其他国家和地区之间设立“一线”。“一线”进（出）境环节强化安全准入（出）监管，加强口岸公共卫生安全、国门生物安全、食品安全、产品质量安全管控。在确保履行我国缔结或参加的国际条约所规定义务的前提下，制定海南自由贸易港禁止、限制进出口的货物、物品清单，清单外货物、物品自由进出，海关依法进行监管。制定海南自由贸易港进口征税商品目录，目录外货物进入自由贸易港免征进口关税。以联运提单付运的转运货物不征税、不检验。从海南自由贸易港离境的货物、物品按出口管理。实行便捷高效的海关监管，建设高标准国际贸易“单一窗口”。

2. “二线”管住。在海南自由贸易港与中华人民共和国关境内的其他地区（以下简称内地）之间设立“二线”。货物从海南自由贸易港进入内地，原则上按进口规定办理相关手续，照章征收关税和进口环节税。对鼓励类产业企业生产的不含进口料件或者含进口料件在海南自由贸易港加工增值超过30%（含）的货物，经“二线”进入内地免征进口关税，照章征收进口环节增值税、消费税。行邮物品由海南自由贸易港进入内地，按规定进行监管，照章征税。对海南自由贸易港前往内地的运输工具，简化进口管理。货物、物品及运输工具由内地进入海南自由贸易港，按国内流通规定管理。内地货物经海南自由贸易港中转再运往内地无需办理报关手续，应在自由贸易港内海关监管作业场所（场地）装卸，与其他海关监管货物分开存放，并设立明显标识。场所经营企业应根据海关监管需要，向海关传输货物进出场所等信息。

3. 岛内自由。海关对海南自由贸易港内企业及机构实施低干预、高效能的精准监管，实现自由贸易港内企业自由生产经营。由境外启运，经海南自由贸易港换装、分拣集拼，再运往其他国家或地区的中转货物，简化办理海关手续。货物在海南自由贸易港内不设存储期限，可自由选择存放地点。实施“零关税”的货物，海关免于实施常规监管。

4. 推进服务贸易自由便利。实施跨境服务贸易负面清单制度，破除跨境交付、境外消费、自然人移动等服务贸易模式下存在的各种壁垒，给予境外服务提供者国民待遇。实施与跨境服务贸易配套的资金支付与转移制度。在告知、资格要求、技术标准、透明度、监管一致性等方面，进一步规范影响服务贸易自由便利的国内规制。

（二）投资自由便利。大幅放宽海南自由贸易港市场准入，强化产权保护，保障公平竞争，打造公开、透明、可预期的投资环境，进一步激发各类市场主体活力。

5. 实施市场准入承诺即入制。严格落实“非禁即入”，在“管得住”的前提下，对具有强制性标准的领域，原则上取消许可和审批，建立健全备案制度，市场主体承诺符合相关要求并提交相关材料进行备案，即可开展投资经营活动。备案受理机构从收到备案时起，即开始承担审查责任。对外商投资实施准入前国民待遇加负面清单管理制度，大幅减少禁止和限制条款。

6. 创新完善投资自由制度。实行以过程监管为重点的投资便利制度。建立以电子证照为主的设立便利，以“有事必应”、“无事不扰”为主的经营便利，以公告承诺和优化程序为主的注销便利，以尽职履责为主的破产便利等政策制度。

7. 建立健全公平竞争制度。强化竞争政策的基础性地位，确保各类所有制市场主体在要素获取、标准制定、准入许可、经营运营、优惠政策等方面享受平等待遇。政府采购对内外资企业一视同仁。加强和优化反垄断执法，打破行政性垄断，防止市场垄断，维护公平竞争市场秩序。

8. 完善产权保护制度。依法保护私人和法人财产的取得、使用、处置和继承的权利，以及依法征收私人和法人财产时被征收财产所有人得到补偿的权利。落实公司法等法律法规，加强对中小投资者的保护。加大知识产权侵权惩罚力度，建立健全知识产权领域市场主体信用分类监管、失信惩戒等机制。加强区块链技术在知识产权交易、存证等方面应用，探索适合自由贸易港发展的新模式。

（三）跨境资金流动自由便利。坚持金融服务实体经济，重点围绕贸易投资自由化便利化，分阶段开放资本项目，有序推进海南自由贸易港与境外资金自由便利流动。

9. 构建多功能自由贸易账户体系。以国内现有本外币账户和自由贸易账户为基础，构建海南金融对外开放基础平台。通过金融账户隔离，建立资金“电子围网”，为海南自由贸易港与境外实现跨境资金自由便利流动提供基础条件。

10. 便利跨境贸易投资资金流动。进一步推动跨境货物贸易、服务贸易和新型国际贸易结算便利化，实现银行真实性审核从事前审查转为事后核查。在跨境直接投资交易环节，按照准入前国民待遇加负面清单模式简化管理，提高兑换环节登记和兑换的便利性，探索适应市场需求新形态的跨境投资管理。在跨境融资领域，探索建立新的外债管理体制，试点合并交易环节外债管理框架，完善企业发行外债备案登记制管理，全面实施全口径跨境融资宏观审慎管理，稳步扩大跨境资产转让范围，提升外债资金汇兑便利化水平。在跨境证券投融资领域，重点服务实体经济投融资需求，扶持海南具有特色和比较优势的产业发展，并在境外上市、发债等方面给予优先支持，简化汇兑管理。

11. 扩大金融业对内对外开放。率先在海南自由贸易港落实金融业扩大开放政策。支持建设国际能源、航运、产权、股权等交易场所。加快发展结算中心。

12. 加快金融改革创新。支持住房租赁金融业务创新和规范发展，支持发展房地产投资信托基金（REITs）。稳步拓宽多种形式的产业融资渠道，放宽外资企业资本金使用范围。创新科技金融政策、产品和工具。

（四）人员进出自由便利。根据海南自由贸易港发展需要，针对高端产业人才，实行更加开放的人才和停居留政策，打造人才集聚高地。在有效防控涉外安全风险隐患的前提下，实行更加便利的出入境管理政策。

13. 对外籍高层次人才投资创业、讲学交流、经贸活动方面提供出入境便利。完善国际人才评价机制，以薪酬水平为主要指标评估人力资源类别，建立市场导向的人才机制。对外籍人员赴海南自由贸易港的工作许可实行负面清单管理，放宽外籍专业技术技能人员停居留政策。允许符合条件的境外人员担任海南自由贸易港内法定机构、事业单位、国有企业的法定代表人。实行宽松的商务人员临时出入境政策。

14. 建立健全人才服务管理制度。实现工作许可、签证与居留信息共享和联审联检。推进建立人才服务中心，提供工作就业、教育生活服务，保障其合法权益。

15. 实施更加便利的出入境管理政策。逐步实施更大范围适用免签入境政策，逐步延长免签停留时间。优化出入境边防检查管理，为商务人员、邮轮游艇提供出入境通关便利。

（五）运输来往自由便利。实施高度自由便利开放的运输政策，推动建设西部陆海新通道国际航运枢纽和航空枢纽，加快构建现代综合交通运输体系。

16. 建立更加自由开放的航运制度。建设“中国洋浦港”船籍港。支持海南自由贸易港开展船舶登记。研究建立海南自由贸易港航运经营管理体制及海员管理制度。进一步放宽空域管制与航路航权限制，优化航运路线，鼓励增加运力投放，增开航线航班。

17. 提升运输便利化和服务保障水平。推进船舶联合登临检查。构建高效、便捷、优质的船旗国特殊监管政策。为船舶和飞机融资提供更加优质高效的金融服务，取消船舶和飞机境外融资限制，探索以保险方式取代保证金。加强内地与海南自由贸易港间运输、通关便利化相关设施设备建设，合理配备人员，提升运输来往自由便利水平。

（六）数据安全有序流动。在确保数据流动安全可控的前提下，扩大数据领域开放，创新安全制度设计，实现数据充分汇聚，培育发展数字经济。

18. 有序扩大通信资源和业务开放。开放增值电信业务，逐步取消外资股比等限制。允许实体注册、服务设施在海南自由贸易港内的企业，面向自由贸易港全域及国际开展在线数据处理与交易处理等业务，并在安全可控的前提下逐步面向全国开展业务。安全有序开放基础电信业务。开展国际互联网数据交互试点，建设国际海底光缆及登陆点，设立国际通信出入口局。

（七）现代产业体系。大力发展旅游业、现代服务业和高新技术产业，不断夯实实体经济基础，增强产业竞争力。

19. 旅游业。坚持生态优先、绿色发展，围绕国际旅游消费中心建设，推动旅游与文化体育、健康医疗、养老养生等深度融合，提升博鳌乐城国际医疗旅游先行区发展水平，支持建设文化旅游产业园，发展特色旅游产业集群，培育旅游新业态新模式，创建全域旅游示范省。加快三亚向国际邮轮母港发展，支持建设邮轮旅游试验区，吸引国际邮轮注册。设立游艇产业改革发展创新试验区。支持创建国家级旅游度假区和5A级景区。

20. 现代服务业。集聚全球创新要素，深化对内对外开放，吸引跨国公司设立区域总部。创新港口管理体制机制，推动港口资源整合，拓展航运服务产业链，推动保税仓储、国际物流配送、转口贸易、大宗商品贸易、进口商品展销、流通加工、集装箱拆拼箱等业务发展，提高全球供应链服务管理能力，打造国际航运枢纽，推动港口、产业、城市融合发展。建设海南国际设计岛、理工农医类国际教育创新岛、区域性国际会展中心，扩大专业服务业对外开放。完善海洋服务基础设施，积极发展海洋物流、海洋旅游、海洋信息服务、海洋工程咨询、涉海金融、涉海商务等，构建具有国际竞争力的海洋服务体系。建设国家对外文化贸易基地。

21. 高新技术产业。聚焦平台载体，提升产业能级，以物联网、人工智能、区块链、数字贸易等为重点发展信息产业。依托文昌国际航天城、三亚深海科技城，布局建设重大科技基础设施和平台，培育深海深空产业。围绕生态环保、生物医药、新能源汽车、智能汽车等壮大先进制造业。发挥国家南繁科研育种基地优势，建设全球热带农业中心和全球动植物种质资源引进中转基地。建设智慧海南。

（八）税收制度。按照零关税、低税率、简税制、强法治、分阶段的原则，逐步建立与高水平自由贸易港相适应的税收制度。

22. 零关税。全岛封关运作前，对部分进口商品，免征进口关税、进口环节增值税和消费税。全岛封关运作、简并税制后，对进口征税商品目录以外、允许海南自由贸易港进口的商品，免征进口关税。

23. 低税率。对在海南自由贸易港实质经营的企业，实行企业所得税优惠税率。对符合条件的个人，实行个人所得税优惠税率。

24. 简税制。结合我国税制改革方向，探索推进简化税制。改革税种制度，降低间接税比例，实现税种结构简单科学、税制要素充分优化、税负水平明显降低、收入归属清晰、财政收支大体均衡。

25. 强法治。税收管理部门按实质经济活动所在地和价值创造地原则对纳税行为进行评估和预警，制定简明易行的实质经营地、所在地居住判定标准，强化对偷漏税风险的识别，防范税基侵蚀和利润转移，避免成为“避税天堂”。积极参与国际税收征管合作，加强涉税情报信息共享。加强税务领域信用分类服务和管理，依法依规对违法失信企业和个人采取相应措施。

26. 分阶段。按照海南自由贸易港建设的不同阶段，分步骤实施零关税、低税率、简税制的安排，最终形成具有国际竞争力的税收制度。

（九）社会治理。着力推进政府机构改革和政府职能转变，鼓励区块链等技术集成应用于治理体系和治理能力现代化，构建系统完备、科学规范、运行有效的自由贸易港治理体系。

27. 深化政府机构改革。进一步推动海南大部门制改革，整合分散在各部门相近或相似的功能职责，推动职能相近部门合并。控制行政综合类公务员比例，行政人员编制向监管部门倾斜，推行市场化的专业人员聘任制。

28. 推动政府职能转变。强化监管立法和执法，加强社会信用体系应用，深化“双随机、一公开”的市场监管体制，坚持对新兴业态实行包容审慎监管。充分发挥“互联网+”、大数据、区块链等现代信息技术作用，通过政务服务等平台建设规范政府服务标准、实现政务流程再造和政务服务“一网通办”，加强数据有序共享，提升政府服务和治理水平。政府作出的承诺须认真履行，对于不能履行承诺或执行不到位而造成损失的，应及时予以赔偿或补偿。

29. 打造共建共治共享的社会治理格局。深化户籍制度改革，进一步放宽户口迁移政策，实行以公民身份号码为唯一标识、全岛统一的居住证制度。赋予行业组织更大自主权，发挥其在市场秩序维护、标准制定实施、行业纠纷调处中的重要作用。赋予社区更大的基层治理权限，加快社区服务与治理创新。

30. 创新生态文明体制机制。深入推进国家生态文明试验区（海南）建设，全面建立资源高效利用制度，健全自然资源产权制度和有偿使用制度。扎实推进国土空间规划体系建设，实行差别化的自然生态空间用途管制。健全自然保护地内自然资源资产特许经营权等制度，探索生态产品价值实现机制。建立热带雨林等国家公园，构建以国家公园为主体的自然保护地体系。探索建立政府主导、企业和社会参与、市场化运作、可持续的生态保护补偿机制。加快构建自然资源统一调查评价监测和确权登记制度。健全生态环境监测和评价制度。

（十）法治制度。建立以海南自由贸易港法为基础，以地方性法规和商事纠纷解决机制为重要组成的自由贸易港法治体系，营造国际一流的自由贸易港法治环境。

31. 制定实施海南自由贸易港法。以法律形式明确自由贸易港各项制度安排，为自由贸易港建设提供原则性、基础性的法治保障。

32. 制定经济特区法规。在遵循宪法规定和法律、行政法规基本原则前提下，支持海南充分行使经济特区立法权，立足自由贸易港建设实际，制定经济特区法规。

33. 建立多元化商事纠纷解决机制。完善国际商事纠纷案件集中审判机制，提供国际商事仲裁、国际商事调解等多种非诉讼纠纷解决方式。

（十一）风险防控体系。制定实施有效措施，有针对性防范化解贸易、投资、金融、数据流动、生态和公共卫生等领域重大风险。

34. 贸易风险防控。高标准建设开放口岸和“二线口岸”基础设施、监管设施，加大信息化系统建设和科技装备投入力度，实施智能精准监管，依托全岛“人流、物流、资金流”信息管理系统、社会管理监管系统、口岸监管系统“三道防线”，形成海南社会管理信息化平台，对非设关地实施全天候动态监控。加强特定区域监管，在未设立口岸查验机构的区域设立综合执法点，对载运工具、上下货物、物品实时监控和处理。海南自由贸易港与内地之间进出的货物、物品、人员、运输工具等均需从口岸进出。完善口岸监管设备设施的配置。海关负责口岸及其他海关监管区的监管和查缉走私工作。海南省政府负责全省反走私综合治理工作，对下级政府反走私综合治理工作进行考评。建立与广东省、广西壮族自治区等地的反走私联防联控机制。

35. 投资风险防控。完善与投资规则相适应的过程监管制度，严格落实备案受理机构的审查责任和备案主体的备案责任。明确加强过程监管的规则和标准，压实监管责任，依法对投资经营活动的全生命周期实施有效监管，对新技术、新产业、新业态、新模式实行包容审慎监管，对高风险行业和领域实行重点监管。建立健全法律责任制度，针对备案主体提供虚假备案信息、违法经营等行为，制定严厉的惩戒措施。实施好外商投资安全审查，在创造稳定、透明和可预期的投资环境同时，有效防范国家安全风险。

36. 金融风险防控。优化金融基础设施和金融法治环境，加强金融消费者权益保护，依托资金流信息监测管理系统，建立健全资金流动监测和风险防控体系。建立自由贸易港跨境资本流动宏观审慎管理体系，加强对重大风险的识别和系统性金融风险的防范。加强反洗钱、反恐怖融资和反逃税审查，研究建立洗钱风险评估机制，定期评估洗钱和恐怖融资风险。构建适应海南自由贸易港建设的金融监管协调机制。

37. 网络安全和数据安全风险防控。深入贯彻实施网络安全等级保护制度，重点保障关键信息基础设施和数据安全，健全网络安全保障体系，提升海南自由贸易港建设相关的网络安全保障能力和水平。建立健全数据出境安全管理制度体系。健全数据流动风险管控措施。

38. 公共卫生风险防控。加强公共卫生防控救治体系建设，建立传染病和突发公共卫生事件监测预警、应急响应平台和决策指挥系统，提高早期预防、风险研判和及时处置能力。加强疾病预防控制体系建设，高标准建设省级疾病预防控制中心，建立国家热带病研究中心海南分中心，加快推进各级疾病预防控制机构基础设施建设，优化实验室检验检测资源配置。加强公共卫生人才队伍建设，提升监测预警、检验检测、现场流行病学调查、应急处置和医疗救治能力。建设生物安全防护三级实验室和传染病防治研究所，强化全面检测、快速筛查能力，优化重要卫生应急物资储备和产能保障体系。健全优化重大疫情救治体系，建设传染病医疗服务网络，依托综合医院或专科医院建立省级和市级传染病医疗中心，改善传染病医疗中心和传染病医院基础设施和医疗条件。重点加强基层传染病医疗服务能力建设，提升县级综合医院传染病诊疗能力。构建网格化紧密型医疗集团，促进资源下沉、医防融合。完善基层医疗卫生机构标准化建设，强化常见病多发病诊治、公共卫生服务和健康管理能力。加强国际卫生检疫合作和国际疫情信息搜集与分析，提升口岸卫生检疫技术设施保障，建设一流的国际旅行卫生保健中心，严格落实出入境人员健康申报制度，加强对来自重点国家或地区的交通工具、人员和货物、物品的卫生检疫，强化联防联控，筑牢口岸检疫防线。加强对全球传染病疫情的监测，推进境外传染病疫情风险早期预警，严防重大传染病跨境传播。建立海关等多部门协作的境外疫病疫情和有害生物联防联控机制。提升进出口商品质量安全风险预警和快速反应监管能力，完善重点敏感进出口商品监管。

39. 生态风险防控。实行严格的进出境环境安全准入管理制度，禁止洋垃圾输入。推进医疗废物等危险废物处置设施建设，提升突发生态环境事件应急准备与响应能力。建立健全环保信用评价制度。

三　分步骤分阶段安排

（一）2025 年前重点任务。围绕贸易投资自由化便利化，在有效监管基础上，有序推进开放进程，推动各类要素便捷高效流动，形成早期收获，适时启动全岛封关运作。

1. 加强海关特殊监管区域建设。在洋浦保税港区等具备条件的海关特殊监管区域率先实行“一线”放开、“二线”管住的进出口管理制度。根据海南自由贸易港建设需要，增设海关特殊监管区域。

2. 实行部分进口商品零关税政策。除法律法规和相关规定明确不予免税、国家规定禁止进口的商品外，对企业进口自用的生产设备，实行“零关税”负面清单管理；对岛内进口用于交通运输、旅游业的船舶、航空器等营运用交通工具及游艇，实行“零关税”正面清单管理；对岛内进口用于生产自用或以“两头在外”模式进行生产加工活动（或服务贸易过程中）所消耗的原辅料，实行“零关税”正面清单管理；对岛内居民消费的进境商品，实行正面清单管理，允许岛内免税购买。对实行“零关税”清单管理的货物及物品，免征进口关税、进口环节增值税和消费税。清单内容由有关部门根据海南实际需要和监管条件进行动态调整。放宽离岛免税购物额度至每年每人 10 万元，扩大免税商品种类。

3. 减少跨境服务贸易限制。在重点领域率先规范影响服务贸易自由便利的国内规制。制定出台海南自由贸易港跨境服务贸易负面清单，给予境外服务提供者国民待遇。建设海南国际知识产权交易所，在知识产权转让、运用和税收政策等方面开展制度创新，规范探索知识产权证券化。

4. 实行“极简审批”投资制度。制定出台海南自由贸易港放宽市场准入特别清单、外商投资准入负面清单。对先行开放的特定服务业领域所设立的外商投资企业，明确经营业务覆盖的地域范围。建立健全国家安全审查、产业准入环境标准和社会信用体系等制度，全面推行“极简审批”制度。深化“证照分离”改革。建立健全以信用监管为基础、与负面清单管理方式相适应的过程监管体系。

5. 试点改革跨境证券投融资政策。支持在海南自由贸易港内注册的境内企业根据境内外融资计划在境外发行股票，优先支持企业通过境外发行债券融资，将企业发行外债备案登记制管理下放至海南省发展改革部门。探索开展跨境资产管理业务试点，提高跨境证券投融资汇兑便利。试点海南自由贸易港内企业境外上市外汇登记直接到银行办理。

6. 加快金融业对内对外开放。培育、提升海南金融机构服务对外开放能力，支持金融业对外开放政策在海南自由贸易港率先实施。支持符合条件的境外证券基金期货经营机构在海南自由贸易港设立独资或合资金融机构。支持金融机构立足海南旅游业、现代服务业、高新技术产业等重点产业发展需要，创新金融产品，提升服务质效。依托海南自由贸易港建设，推动发展相关的场外衍生品业务。支持海南在优化升级现有交易场所的前提下，推进产权交易场所建设，研究允许非居民按照规定参与交易和进行资金结算。支持海南自由贸易港内已经设立的交易场所在会员、交易、税负、清算、交割、投资者权益保护、反洗钱等方面，建立与国际惯例接轨的规则和制度体系。在符合相关法律法规的前提下，支持在海南自由贸易港设立财产险、人身险、再保险公司以及相互保险组织和自保公司。

7. 增强金融服务实体经济能力。支持发行公司信用类债券、项目收益票据、住房租赁专项债券等。对有稳定现金流的优质旅游资产，推动开展证券化试点。支持金融机构在依法合规、有效防范风险的前提下，在服务贸易领域开展保单融资、仓单质押贷款、应收账款质押贷款、知识产权质押融资等业务。支持涉海高新技术企业利用股权、知识产权开展质押融资，规范、稳妥开发航运物流金融产品和供应链融资产品。依法有序推进人工智能、大数据、云计算等金融科技领域研究成果在海南自由贸易港率先落地。探索建立与国际商业保险付费体系相衔接的商业性医疗保险服务。支持保险业金融机构与境外机构合作开发跨境医疗保险产品。

8. 实施更加便利的免签入境措施。将外国人免签入境渠道由旅行社邀请接待扩展为外国人自行申报或通过单位邀请接待免签入境。放宽外国人申请免签入境事由限制，允许外国人以商贸、访问、探亲、就医、会展、体育竞技等事由申请免签入境海南。实施外国旅游团乘坐邮轮入境15天免签政策。

9. 实施更加开放的船舶运输政策。以“中国洋浦港”为船籍港，简化检验流程，逐步放开船舶法定检验，建立海南自由贸易港国际船舶登记中心，创新设立便捷、高效的船舶登记程序。取消船舶登记主体外资股比限制。在确保有效监管和风险可控的前提下，境内建造的船舶在“中国洋浦港”登记并从事国际运输的，视同出口并给予出口退税。对以洋浦港作为中转港从事内外贸同船运输的境内船舶，允许其加注本航次所需的保税油；对其加注本航次所需的本地生产燃料油，实行出口退税政策。对符合条件并经洋浦港中转离境的集装箱货物，试行启运港退税政策。加快推进琼州海峡港航一体化。

10. 实施更加开放的航空运输政策。在对等基础上，推动在双边航空运输协定中实现对双方承运人开放往返海南的第三、第四航权，并根据我国整体航空运输政策，扩大包括第五航权在内的海南自由贸易港建设所必需的航权安排。支持在海南试点开放第七航权。允许相关国家和地区航空公司承载经海南至第三国（地区）的客货业务。实施航空国际中转旅客及其行李通程联运。对位于海南的主基地航空公司开拓国际航线给予支持。允许海南进出岛航班加注保税航油。

11. 便利数据流动。在国家数据跨境传输安全管理制度框架下，开展数据跨境传输安全管理试点，探索形成既能便利数据流动又能保障安全的机制。

12. 深化产业对外开放。支持发展总部经济。举办中国国际消费品博览会，国家级展会境外展品在展期内进口和销售享受免税政策，免税政策由有关部门具体制定。支持海南大力引进国外优质医疗资源。总结区域医疗中心建设试点经验，研究支持海南建设区域医疗中心。允许境外理工农医类高水平大学、职业院校在海南自由贸易港独立办学，设立国际学校。推动国内重点高校引进国外知名院校在海南自由贸易港举办具有独立法人资格的中外合作办学机构。建设海南国家区块链技术和产业创新发展基地。

13. 优化税收政策安排。从本方案发布之日起，对注册在海南自由贸易港并实质性运营的鼓励类产业企业，减按 15% 征收企业所得税。对在海南自由贸易港设立的旅游业、现代服务业、高新技术产业企业，其 2025 年前新增境外直接投资取得的所得，免征企业所得税。对企业符合条件的资本性支出，允许在支出发生当期一次性税前扣除或加速折旧和摊销。对在海南自由贸易港工作的高端人才和紧缺人才，其个人所得税实际税负超过15%的部分，予以免征。对享受上述优惠政策的高端人才和紧缺人才实行清单管理，由海南省商财政部、税务总局制定具体管理办法。

14. 加大中央财政支持力度。中央财政安排综合财力补助，对地方财政减收予以适当弥补。鼓励海南在国务院批准的限额内发行地方政府债券支持自由贸易港项目建设。在有效防范风险的前提下，稳步增加海南地方政府专项债券发行额度，用于支持重大基础设施建设。鼓励在海南自由贸易港向全球符合条件的境外投资者发行地方政府债券。由海南统筹中央资金和自有财力，设立海南自由贸易港建设投资基金，按政府引导、市场化方式运作。

15. 给予充分法律授权。本方案提出的各项改革政策措施，凡涉及调整现行法律或行政法规的，经全国人大及其常委会或国务院统一授权后实施。研究简化调整现行法律或行政法规的工作程序，推动尽快落地。授权海南制定出台自由贸易港商事注销条例、破产条例、公平竞争条例、征收征用条例。加快推动制定出台海南自由贸易港法。

16. 强化用地用海保障。授权海南在不突破海南省国土空间规划明确的生态保护红线、永久基本农田面积、耕地和林地保有量、建设用地总规模等重要指标并确保质量不降低的前提下，按照国家规定的条件，对全省耕地、永久基本农田、林地、建设用地布局调整进行审批并纳入海南省和市县国土空间规划。积极推进城乡及垦区一体化协调发展和小城镇建设用地新模式，推进农垦土地资产化。建立集约节约用地制度、评价标准以及存量建设用地盘活处置政策体系。总结推广文昌农村土地制度改革三项试点经验，支持海南在全省深入推进农村土地制度改革。依法保障国家重大项目用海需求。

17. 做好封关运作准备工作。制定出台海南自由贸易港进口征税商品目录、限制进口货物物品清单、禁止进口货物物品清单、限制出口货物物品清单、禁止出口货物物品清单、运输工具管理办法，以及与内地海关通关单证格式规范、与内地海关通关操作规程、出口通关操作规程等，增加对外开放口岸，建设全岛封关运作的配套设施。

18. 适时启动全岛封关运作。2025 年前，适时全面开展全岛封关运作准备工作情况评估，查堵安全漏洞。待条件成熟后再实施全岛封关运作，不再保留洋浦保税港区、海口综合保税区等海关特殊监管区域。相关监管实施方案由有关部门另行制定。在全岛封关运作的同时，依法将现行增值税、消费税、车辆购置税、城市维护建设税及教育费附加等税费进行简并，启动在货物和服务零售环节征收销售税相关工作。

（二）2035 年前重点任务。进一步优化完善开放政策和相关制度安排，全面实现贸易自由便利、投资自由便利、跨境资金流动自由便利、人员进出自由便利、运输来往自由便利和数据安全有序流动，推进建设高水平自由贸易港。

1. 实现贸易自由便利。进一步创新海关监管制度，建立与总体国家安全观相适应的非关税贸易措施体系，建立自由进出、安全便利的货物贸易管理制度，实现境外货物在海南自由贸易港进出自由便利。建立健全跨境支付业务相关制度，营造良好的支付服务市场环境，提升跨境支付服务效率，依法合规推动跨境服务贸易自由化便利化。

2. 实现投资自由便利。除涉及国家安全、社会稳定、生态保护红线、重大公共利益等国家实行准入管理的领域外，全面放开投资准入。在具有强制性标准的领域，建立“标准制 + 承诺制”的投资制度，市场主体对符合相关要求作出承诺，即可开展投资经营活动。

3. 实现跨境资金流动自由便利。允许符合一定条件的非金融企业，根据实际融资需要自主借用外债，最终实现海南自由贸易港非金融企业外债项下完全可兑换。

4. 实现人员进出自由便利。进一步放宽人员自由进出限制。实行更加宽松的商务人员临时出入境政策、便利的工作签证政策，进一步完善居留制度。

5. 实现运输来往自由便利。实行特殊的船舶登记审查制度。进一步放宽空域管制与航路航权限制。鼓励国内外航空公司增加运力投放，增开航线航班。根据双边航空运输协定，在审核外国航空公司国际航线经营许可时，优先签发至海南的国际航线航班许可。

6. 实现数据安全有序流动。创新数据出境安全的制度设计，探索更加便利的个人信息安全出境评估办法。开展个人信息入境制度性对接，探索加入区域性国际数据跨境流动制度安排，提升数据传输便利性。积极参与跨境数据流动国际规则制定，建立数据确权、数据交易、数据安全和区块链金融的标准和规则。

7. 进一步推进财税制度改革。对注册在海南自由贸易港并实质性运营的企业（负面清单行业除外），减按 15% 征收企业所得税。对一个纳税年度内在海南自由贸易港累计居住满 183 天的个人，其取得来源于海南自由贸易港范围内的综合所得和经营所得，按照3%、10%、15%三档超额累进税率征收个人所得税。扩大海南地方税收管理权限。企业所得税、个人所得税作为中央与地方共享收入，销售税及其他国内税种收入作为地方收入。授权海南根据自由贸易港发展需要，自主减征、免征、缓征除具有生态补偿性质外的政府性基金，自主设立涉企行政事业性收费项目。对中央级行政事业性收费，按照中央统一规定执行。中央财政支持政策结合税制变化情况相应调整，并加大支持力度。进一步研究改进补贴政策框架，为我国参与补贴领域国际规则制定提供参考。

四 组织实施

（一）加强党的全面领导。坚持用习近平新时代中国特色社会主义思想武装党员干部头脑，认真贯彻落实党中央、国务院决策部署，增强“四个意识”，坚定“四个自信”，做到“两个维护”。建立健全党对海南自由贸易港建设工作的领导体制机制，充分发挥党总揽全局、协调各方的作用，加强党对海南自由贸易港建设各领域各方面各环节的领导。以党的政治建设为统领，以提升组织力为重点，全面提高党的建设质量，为海南自由贸易港建设提供坚强政治保障。加强基层党组织建设，引导广大党员发挥先锋模范作用，把基层党组织建设成为海南推动自由贸易港建设的坚强战斗堡垒。完善体现新发展理念和正确政绩观要求的干部考核评价体系，建立激励机制和容错纠错机制，旗帜鲜明地为敢于担当、踏实做事、不谋私利的干部撑腰鼓劲。把社会主义核心价值观融入经济社会发展各方面。持之以恒正风肃纪，强化纪检监察工作，营造风清气正良好环境。

（二）健全实施机制。在推进海南全面深化改革开放领导小组指导下，海南省要切实履行主体责任，加强组织领导，全力推进海南自由贸易港建设各项工作。中央和国家机关有关单位要按照本方案要求，主动指导推动海南自由贸易港建设，进一步细化相关政策措施，制定出台实施方案，确保政策落地见效。推进海南全面深化改革开放领导小组办公室牵头成立指导海南推进自由贸易港建设工作小组，由国家发展改革委、财政部、商务部、中国人民银行、海关总署等部门分别派出干部驻海南实地指导开展自由贸易港建设工作，有关情况及时上报领导小组。国务院发展研究中心组织对海南自由贸易港建设开展全过程评估，牵头设立专家咨询委员会，为海南自由贸易港建设建言献策。

（三）稳步推进政策落地。加大督促落实力度，将各项政策举措抓实抓细抓出成效。认真研究和妥善解决海南自由贸易港建设中遇到的新情况新问题，对一些重大政策措施做好试点工作，积极稳妥推进方案实施。

中国（上海）自由贸易试验区临港新片区总体方案

设立中国（上海）自由贸易试验区临港新片区（以下简称新片区），是以习近平同志为核心的党中央总揽全局、科学决策作出的进一步扩大开放重大战略部署，是新时代彰显我国坚持全方位开放鲜明态度、主动引领经济全球化健康发展的重要举措。为深入贯彻习近平总书记在首届中国国际进口博览会期间的重要讲话精神，在更深层次、更宽领域、以更大力度推进全方位高水平开放，制订本方案。

一　总体要求

（一）指导思想。以习近平新时代中国特色社会主义思想为指导，全面贯彻党的十九大和十九届二中、三中全会精神，坚持新发展理念，坚持高质量发展，推动经济发展质量变革、效率变革、动力变革，对标国际上公认的竞争力最强的自由贸易园区，选择国家战略需要、国际市场需求大、对开放度要求高但其他地区尚不具备实施条件的重点领域，实施具有较强国际市场竞争力的开放政策和制度，加大开放型经济的风险压力测试，实现新片区与境外投资经营便利、货物自由进出、资金流动便利、运输高度开放、人员自由执业、信息快捷联通，打造更具国际市场影响力和竞争力的特殊经济功能区，主动服务和融入国家重大战略，更好地服务对外开放总体战略布局。

（二）发展目标。到2025年，建立比较成熟的投资贸易自由化便利化制度体系，打造一批更高开放度的功能型平台，集聚一批世界一流企业，区域创造力和竞争力显著增强，经济实力和经济总量大幅跃升。到2035年，建成具有较强国际市场影响力和竞争力的特殊经济功能区，形成更加成熟定型的制度成果，打造全球高端资源要素配置的核心功能，成为我国深度融入经济全球化的重要载体。

（三）规划范围。在上海大治河以南、金汇港以东以及小洋山岛、浦东国际机场南侧区域设置新片区。按照“整体规划、分步实施”原则，先行启动南汇新城、临港装备产业区、小洋山岛、浦东机场南侧等区域，面积为119.5平方公里。

新片区的开发利用须遵守土地、无居民海岛利用和生态环境、城乡规划等法律法规，并符合节约集约利用资源的有关要求；支持按照国家相关法规和程序，办理合理必需用海。

二　建立以投资贸易自由化为核心的制度体系

在适用自由贸易试验区各项开放创新措施的基础上，支持新片区以投资自由、贸易自由、资金自由、运输自由、人员从业自由等为重点，推进投资贸易自由化便利化。

（四）实施公平竞争的投资经营便利。借鉴国际上自由贸易园区的通行做法，实施外商投资安全审查制度，在电信、保险、证券、科研和技术服务、教育、卫生等重点领域加大对外开放力度，放宽注册资本、投资方式等限制，促进各类市场主体公平竞争。探索试行商事主体登记确认制，尊重市场主体民事权利，对申请人提交的文件实行形式审查。深入实施“证照分离”改革。支持新片区加强国际商事纠纷审判组织建设。允许境外知名仲裁及争议解决机构经上海市人民政府司法行政部门登记并报国务院司法行政部门备案，在新片区内设立业务机构，就国际商事、海事、投资等领域发生的民商事争议开展仲裁业务，依法支持和保障中外当事人在仲裁前和仲裁中的财产保全、证据保全、行为保全等临时措施的申请和执行。

（五）实施高标准的贸易自由化。在新片区内设立物理围网区域，建立洋山特殊综合保税区，作为对标国际公认、竞争力最强自由贸易园区的重要载体，在全面实施综合保税区政策的基础上，取消不必要的贸易监管、许可和程序要求，实施更高水平的贸易自由化便利化政策和制度。对境外抵离物理围网区域的货物，探索实施以安全监管为主、体现更高水平贸易自由化便利化的监管模式，提高口岸监管服务效率，增强国际中转集拼枢纽功能。支持新片区发展具有国际竞争力的重点产业，根据企业的业务特点，积极探索相适应的海关监管制度。相关监管政策制度由海关总署牵头另行制定。推进服务贸易自由化，加快文化服务、技术产品、信息通讯、医疗健康等资本技术密集型服务贸易发展，创新跨境电商服务模式，鼓励跨境电商企业在新片区内建立国际配送平台。根据油气体制改革进程和产业需要，研究赋予新片区内符合条件的企业原油进口资质。

（六）实施资金便利收付的跨境金融管理制度。在风险可控的前提下，按照法律法规规定，借鉴国际通行的金融监管规则，进一步简化优质企业跨境人民币业务办理流程，推动跨境金融服务便利化。研究开展自由贸易账户本外币一体化功能试点，探索新片区内资本自由流入流出和自由兑换。支持新片区内企业参照国际通行规则依法合规开展跨境金融活动，支持金融机构在依法合规、风险可控、商业可持续的前提下为新片区内企业和非居民提供跨境发债、跨境投资并购和跨境资金集中运营等跨境金融服务。新片区内企业从境外募集的资金、符合条件的金融机构从境外募集的资金及其提供跨境服务取得的收入，可自主用于新片区内及境外的经营投资活动。支持符合条件的金融机构开展跨境证券投资、跨境保险资产管理等业务。按照国家统筹规划、服务实体、风险可控、分步推进的原则，稳步推进资本项目可兑换。先行先试金融业对外开放措施，积极落实放宽金融机构外资持股比例、拓宽外资金融机构业务经营范围等措施，支持符合条件的境外投资者依法设立各类金融机构，保障中外资金融机构依法平等经营。经国家金融管理部门授权，运用科技手段提升金融服务水平和监管能力，建立统一高效的金融管理体制机制，切实防范金融风险。

（七）实施高度开放的国际运输管理。提升拓展全球枢纽港功能，在沿海捎带、国际船舶登记、国际航权开放等方面加强探索，提高对国际航线、货物资源的集聚和配置能力。逐步放开船舶法定检验。在确保有效监管、风险可控前提下，对境内制造船舶在“中国洋山港”登记从事国际运输的，视同出口，给予出口退税。进一步完善启运港退税相关政策，优化监管流程，扩大中资方便旗船沿海捎带政策实施效果，研究在对等原则下允许外籍国际航行船舶开展以洋山港为国际中转港的外贸集装箱沿海捎带业务。推动浦东国际机场与“一带一路”沿线国家和地区扩大包括第五航权在内的航权安排，吸引相关国家和地区航空公司开辟经停航线。支持浦东国际机场探索航空中转集拼业务。以洋山深水港、浦东国际机场与芦潮港铁路集装箱中心站为载体，推动海运、空运、铁路运输信息共享，提高多式联运的运行效率。

（八）实施自由便利的人员管理。放宽现代服务业高端人才从业限制，在人员出入境、外籍人才永久居留等方面实施更加开放便利的政策措施。建立外国人在新片区内工作许可制度和人才签证制度。允许具有境外职业资格的金融、建筑、规划、设计等领域符合条件的专业人才经备案后，在新片区内提供服务，其在境外的从业经历可视同国内从业经历。除涉及国家主权、安全外，允许境外人士在新片区内申请参加我国相关职业资格考试。探索在法医毒物司法鉴定、环境损害司法鉴定等技术含量高的领域开展和加强技术合作。为到新片区内从事商务、交流、访问等经贸活动的外国人提供更加便利的签证和停居留政策措施。制定和完善海外人才引进政策和管理办法，给予科研创新领军人才及团队等海外高层次人才办理工作许可、永久或长期居留手续“绿色通道”。探索实施外籍人员配额管理制度，为新片区内注册企业急需的外国人才提供更加便利的服务。

（九）实施国际互联网数据跨境安全有序流动。建设完备的国际通信设施，加快5G、IPv6、云计算、物联网、车联网等新一代信息基础设施建设，提升新片区内宽带接入能力、网络服务质量和应用水平，构建安全便利的国际互联网数据专用通道。支持新片区聚焦集成电路、人工智能、生物医药、总部经济等关键领域，试点开展数据跨境流动的安全评估，建立数据保护能力认证、数据流通备份审查、跨境数据流通和交易风险评估等数据安全管理机制。开展国际合作规则试点，加大对专利、版权、企业商业秘密等权利及数据的保护力度，主动参与引领全球数字经济交流合作。

（十）实施具有国际竞争力的税收制度和政策。对境外进入物理围网区域内的货物、物理围网区域内企业之间的货物交易和服务实行特殊的税收政策。扩大新片区服务出口增值税政策适用范围，研究适应境外投资和离岸业务发展的新片区税收政策。对新片区内符合条件的从事集成电路、人工智能、生物医药、民用航空等关键领域核心环节生产研发的企业，自设立之日起 5 年内减按 15% 的税率征收企业所得税。研究实施境外人才个人所得税税负差额补贴政策。在不导致税基侵蚀和利润转移的前提下，探索试点自由贸易账户的税收政策安排。

三　建立全面风险管理制度

以风险防控为底线，以分类监管、协同监管、智能监管为基础，全面提升风险防范水平和安全监管水平。

（十一）强化重点领域监管。建立涵盖新片区管理机构、行业主管部门、区内企业和相关运营主体的一体化信息管理服务平台。聚焦投资、贸易、金融、网络、生态环境、文化安全、人员进出、反恐反分裂、公共道德等重点领域，进一步完善外商投资安全审查、反垄断审查、行业管理、用户认证、行为审计等管理措施，在风险研判和防控中加强信息技术应用，建立联防联控机制，实施严格监管、精准监管、有效监管。建立检疫、原产地、知识产权、国际公约、跨境资金等特殊领域的风险精准监测机制，实现全流程的风险实时监测和动态预警管理。

（十二）加强信用分级管理。完善信用评价基本规则和标准，实施经营者适当性管理，按照“守法便利”原则，把信用等级作为企业享受优惠政策和制度便利的重要依据。建立主动披露制度，实施失信名单披露、市场禁入和退出制度。完善商事登记撤销制度，对以欺骗、贿赂等不正当手段取得登记的，登记机关可以依法撤销登记。

（十三）强化边界安全。高标准建设智能化监管基础设施，实现监管信息互联互认共享。守住“一线”国门安全、“二线”经济社会安全。加强进境安全管理，对新片区进境货物实行“两段准入”监管模式。对禁限管制（核生化导爆、毒品等）、重大疫情、高风险商品安全等重大紧急或放行后难以管控的风险，以及法律、行政法规有明确要求的，依法实施“准许入境”监管。对非高风险商品检验、风险可控的检疫等其他风险可依法实施“合格入市”监管。

四　建设具有国际市场竞争力的开放型产业体系

发挥开放型制度体系优势，推动统筹国际业务、跨境金融服务、前沿科技研发、跨境服务贸易等功能集聚，强化开放型经济集聚功能。加快存量企业转型升级，整体提升区域产业能级。

（十四）建立以关键核心技术为突破口的前沿产业集群。建设集成电路综合性产业基地，优化进口料件全程保税监管模式，支持跨国公司设立离岸研发和制造中心，推动核心芯片、特色工艺、关键装备和基础材料等重点领域发展。建设人工智能创新及应用示范区，加快应用场景开放力度，推动智能汽车、智能制造、智能机器人等新产业新业态发展。建设民用航空产业集聚区，以大型客机和民用航空发动机为核心，加速集聚基础研究、技术开发、产品研制、试验验证等配套产业，推动总装交付、生产配套、运营维护、文旅服务等航空全产业链发展。建设面向“一带一路”沿线国家和地区的维修和绿色再制造中心，建立绿色认证和评级体系，支持在综合保税区开展数控机床、工程设备等产品入境维修和再制造，提升高端智能再制造产业国际竞争力。

（十五）发展新型国际贸易。建设亚太供应链管理中心，完善新型国际贸易与国际市场投融资服务的系统性制度支撑体系，吸引总部型机构集聚。发展跨境数字贸易，支持建立跨境电商海外仓。建设国际医疗服务集聚区，支持与境外机构合作开发跨境医疗保险产品、开展国际医疗保险结算试点。允许符合条件的外商独资企业开展面向全球的文化艺术品展示、拍卖、交易。

（十六）建设高能级全球航运枢纽。支持浦东国际机场建设世界级航空枢纽，建设具有物流、分拣和监管集成功能的航空货站，打造区域性航空总部基地和航空快件国际枢纽中心。推进全面实施国际旅客及其行李通程联运。建设国际航运补给服务体系，提升船舶和航空用品供应、维修、备件、燃料油等综合服务能力。支持内外资企业和机构开展航运融资、航运保险、航运结算、航材租赁、船舶交易和航运仲裁等服务，探索发展航运指数衍生品业务，提升高端航运服务功能。

（十七）拓展跨境金融服务功能。大力提升人民币跨境金融服务能力，拓展人民币跨境金融服务深度和广度。支持开展人民币跨境贸易融资和再融资业务。鼓励跨国公司设立全球或区域资金管理中心。加快发展飞机、船舶等融资租赁业务，鼓励发展环境污染责任保险等绿色金融业务。

（十八）促进产城融合发展。进一步拓宽国际优质资本和经验进入教育、医疗、文化、体育、园区建设、城市管理等公共服务领域的渠道，加强新片区各类基础设施建设管理，提升高品质国际化的城市服务功能。

（十九）加强与长三角协同创新发展。支持境内外投资者在新片区设立联合创新专项资金，就重大科研项目开展合作，允许相关资金在长三角地区自由使用。支持境内投资者在境外发起的私募基金参与新片区创新型科技企业融资，凡符合条件的可在长三角地区投资。支持新片区优势产业向长三角地区拓展形成产业集群。

五　加快推进实施

新片区参照经济特区管理。国家有关部门和上海市要按照总体方案的要求，加强法治建设和风险防控，切实维护国家安全和社会安全，扎实推进各项改革试点任务落地见效。

（二十）加强党的领导。增强“四个意识”，坚定“四个自信”，做到“两个维护”，培育践行社会主义核心价值观，把党的建设始终贯穿于新片区规划建设的全过程，把党的政治优势、组织优势转化为新片区全面深化改革和扩大开放的坚强保障。

（二十一）加大赋权力度。赋予新片区更大的自主发展、自主改革和自主创新管理权限，在风险可控的前提下授权新片区管理机构自主开展贴近市场的创新业务。新片区的各项改革开放举措，凡涉及调整现行法律或行政法规的，按法定程序经全国人大或国务院统一授权后实施。

（二十二）带动长三角新一轮改革开放。定期总结评估新片区在投资管理、贸易监管、金融开放、人才流动、运输管理、风险管控等方面的制度经验，制定推广清单，明确推广范围和监管要求，按程序报批后有序推广实施。加强新片区与海关特殊监管区域、经济技术开发区联动，放大辐射带动效应。

（二十三）抓紧组织实施。国家有关部门进一步向上海市和中央在沪单位放权，按照总体方案，支持、指导制定相关实施细则。

上海市要切实履行主体责任，高标准高质量建设新片区，加快形成成熟定型的制度体系和管理体制，更好地激发市场主体参与国际市场的活力。重大事项及时向党中央、国务院请示报告。

（国发〔2019〕15 号文，2019 年 8 月 6 日印发）

参考文献

陈诚、林志刚、任春杨：《探索建设自由贸易港的政策安排与路径分析》，《国际贸易》2018 年第 5 期。

陈晖：《世界自由贸易园区制度经验及其启示》，《竞争情报》2016 年第 12 期。

陈会珠等：《香港自由港模式发展演化、动力机制及启示》，《热带地理》2015 年第 1 期。

陈经伟：《海南自由贸易区（港）基本内涵与实现路径》，《宏观经济管理》2019 年第 7 期。

崔凡、李淼、吴嵩博：《论中国自由贸易港的战略意义与功能定位》，《国际贸易》2018 年第 4 期。

迟福林：《海南探索建设中国特色自由贸易港的初步设想》，《改革》2019 年第 4 期。

冯其予：《自贸试验区红利充分释放》，《经济日报》2019 年 7 月 24 日第 3 版。

封安全：《俄远东超前发展区与自由港建设状况综述》，《西伯利亚研究》2017 年第 2 期。

龚柏华：《“一带一路”背景下上海自由贸易港构建的法治思维》，《上海对外经贸大学学报》2018 年第 2 期。

高柏等：《中欧班列——国家建设与市场建设》，社会科学文献出版社 2017 年版。

国务院发展研究中心资环所课题组：《港口产业集群化的国际经验及启示》，《中国发展观察》2017 年第 21 期。

洪性宰：《韩中经济自由区比较研究》，硕士学位论文，北京工业大学，2014 年。

胡凤乔：《世界自由港演化与制度研究》，博士学位论文，浙江大学，2016 年。

胡凤乔、李金珊：《从自由港代际演化看“一带一路”倡议下的第四代自由港发展趋势》，《社会科学家》2016 年第 5 期。

胡加祥：《我国建设自由贸易港若干重大问题研究》，《太平洋学报》2019 年第 1 期。

胡剑波、任香：《自由贸易港：我国自由贸易试验区深化发展的方向》，《国际经济合作》2019 年第 3 期。

黄庆平、袁始烨：《自贸港的未来：基于负面清单管理的国际经验》，《经济体制改革》2018 年第 3 期。

黄小彪、葛春凤：《广州建设国际航运中心的发展环境与战略定位》，《港口经济》2016 年第 2 期。

黄志勇、李京文：《实施自由贸易港战略研究》，《宏观经济管理》2012 年第 5 期。

江国华、梅扬：《重大行政决策公众参与制度的构建和完善——基于文本考察与个案分析的视角》，《学习与实践》2017 年第 1 期。

雷仲敏：《上海浦东建设国际自由贸易港区的探讨》，《科学发展》

2010 年第 3 期。
李国旗：《我国公众参与行政决策动力机制研究》，《中共天津市委党校学报》2015 年第 1 期。
李猛：《新时代我国自由贸易港建设中的政策创新及对策建议》，《上海经济研究》2018 年第 5 期。
刘李胜：《“两制一体”：香港深圳自由港区的模式——1997 年后深圳经济定位的研究》，《国际经济合作》1995 年第 6 期。
刘艳丽、徐晓新：《从协商民主视角看社会组织的立法协商——以 × 协会参与〈广告法〉烟草广告条款修订为例》，《新视野》2019 年第 4 期。
刘小康：《论行政决策公众参与度及其影响因素——基于中国经验的分析》，《北京行政学院学报》2017 年第 4 期。
倪外：《国际先进自贸区核心竞争力构成及其启示研究》，《世界地理研究》2015 年第 3 期。
裴长洪、刘斌、李越：《中国特色自由贸易港发展模式探索》，《国际商务》（对外经济贸易大学学报）2019 年第 1 期。
彭羽、沈玉良：《全面开放新格局下自由贸易港建设的目标模式》，《亚太经济》2018 年第 3 期。
任建雄：《浙江自由贸易港建设的战略路径与对策》，《浙江万里学院学报》2013 年第 2 期。
沙勇忠、赵润娣：《美国开放政府计划背景下的公众参与——进展、问题及启示》，《南京社会科学》2015 年第 11 期。
商务部国际贸易经济合作研究院课题组：《中国（上海）自由贸易试验区与中国香港、新加坡自由港政策比较及借鉴研究》，《科学发展》2014 年第 9 期。

尚千琳：《访谈篇　参与贸易政策　完善“四体联动”》，《大经贸》2006 年第 12 期。

沈玉良、彭羽：《上海自由贸易试验区建设自由贸易港区路径分析》，《上海经济》2017 年第 4 期。

史本叶、王晓娟：《探索建设中国特色自由贸易港——理论解析、经验借鉴与制度体系构建》，《北京大学学报》（哲学社会科学版）2019 年第 4 期。

宋国友：《中美贸易战：动因、形式及影响因素》，《太平洋学报》2019 年第 6 期。

陶珺、任春杨：《中国（广东）自由贸易试验区制度创新研究》，《广东经济》2018 年第 10 期。

王姣娥、景悦、王成金：《“中欧班列”运输组织策略研究》，《中国科学院院刊》2017 年第 4 期。

王孝钰：《上海自贸试验区扩大开放与风险防范》，《科学发展》2018 年第 12 期。

王锡锌：《行政过程中公众参与的制度实践》，中国法制出版社 2008 年版。

汪洋：《推动形成全面开放新格局》，《人民日报》2017 年 11 月 10 日第 4 版。

吴心宏：《世界地主港管理模式及其对上海的启示》，《上海城市管理》2010 年第 2 期。

习近平：《在庆祝海南建省办经济特区 30 周年大会上的讲话》，《人民日报》2018 年 4 月 14 日第 2 版。

厦门大学经济学院“自由港研究”课题组：《关于厦门经济特区逐步实行自由港某些政策的构想》（下），《中国经济问题》1987

年第 6 期。

夏雨:《行政立法中公众参与的难题及其克服》,《法治研究》2019 年第 2 期。

姚坚:《重大行政决策中过程性信息的主动公开》,《治理现代化研究》2018 年第 2 期。

尹晨:《上海自由贸易港功能与“一带一路”建设联动发展研究》,《科学发展》2019 年第 8 期。

曾祥坤、赵福军、韩兵:《迪拜“低税负与高收费、高租金、国家利润”的运营模式》,《税务研究》2014 年第 11 期。

张华:《连接纽带抑或依附工具:转型时期中国行业协会研究文献评述》,《社会》2015 年第 3 期。

张世坤:《有关汉堡港、鹿特丹港、安特卫普港的考察——兼谈我国保税区与国际自由港的比较》,《港口经济》2006 年第 1 期。

张释文、程健:《我国自由贸易港建设的思考》,《中国流通经济》2018 年第 2 期。

张向晨、徐清军、王金永:《WTO 改革应关注发展中成员的能力缺失问题》,《国际经济评论》2019 年第 1 期。

张茉楠:《贸易战对全球价值链、产业链、供应链的冲击破坏及中国对策》,《国际商务财会》2019 年第 6 期。

赵树迪、黄任望:《“特朗普特质”与中美关系前景初探》,《太平洋学报》2017 年第 6 期。

左正:《建设南中国的自由港——广州进一步扩大对外开放的一个思路》,《暨南学报》(哲学社会科学)1994 年第 4 期。

SECRETARIAT UNCTAD, *Development and Improvement of Ports: The Principles of Modern Port Management and Organization*, 1992.

SECRETARIAT UNCTAD, *Technical Note: Fourth-generation Port*, 1999.

Sherry Arnstein, "A Ladder of Citizen Participation", *Journal of the American Institute of Planners*, Vol. 35, No. 4, 1969.